Das Vordertaunus Kochbuch

– Champagnerluft und Streuobstwiesen –

Wolfgang Bender

ISBN 978-3-86037-441-2

1. Auflage

©2011 Edition Limosa GmbH
Lüchower Straße 13a, 29459 Clenze
Telefon (0 58 44) 97 11 63-0
Telefax (0 58 44) 97 11 63-9
mail@limosa.de, www.limosa.de

Redaktion:
Wolfgang Bender

Fotos:
Seite 167: (kl) Rembser; 130: (gr) Gimbacher Hof; 28: (kl) Gimbacher Hof; 75:
(gr) Gimbacher Hof; 178: (gr) Reinhold Reuss; 33: (gr) Gimbacher Hof; 7: (kl)
Landrat Berthold R. Gall; 6: (kl) Rolf Oeser; 142: (gr) Altes Rathaus Café
Cover hinten u.l.: Gimbacher Hof
Alle übrigen Fotos: Wolfgang Bender

Lektorat:
Ulrike Kauber

Satz und Layout:
Zdenko Baticeli, Christin Stade, Lena Hermann

Korrektorat:
Karin Monneweg

Unter Mitarbeit von:
Britta Arndt, Doreen Rinke

Medienberatung:
Ingrid Semmelrock

Gedruckt in Deutschland.

Alle in diesem Buch enthaltenen Angaben, Ergebnisse usw. wurden von
den Autoren nach bestem Wissen erstellt und von ihnen sowie dem Verlag
mit größtmöglicher Sorgfalt überprüft. Dennoch sind Fehler nicht völlig
auszuschließen. Daher erfolgen alle Angaben usw. ohne jegliche Garantie des
Verlages oder der Autoren. Wir übernehmen deshalb keinerlei Verantwortung
und Haftung für etwa vorhandene inhaltliche Unrichtigkeiten.

Wolfgang Bender

DAS VORDERTAUNUS
KOCHBUCH

Champagnerluft und Streuobstwiesen

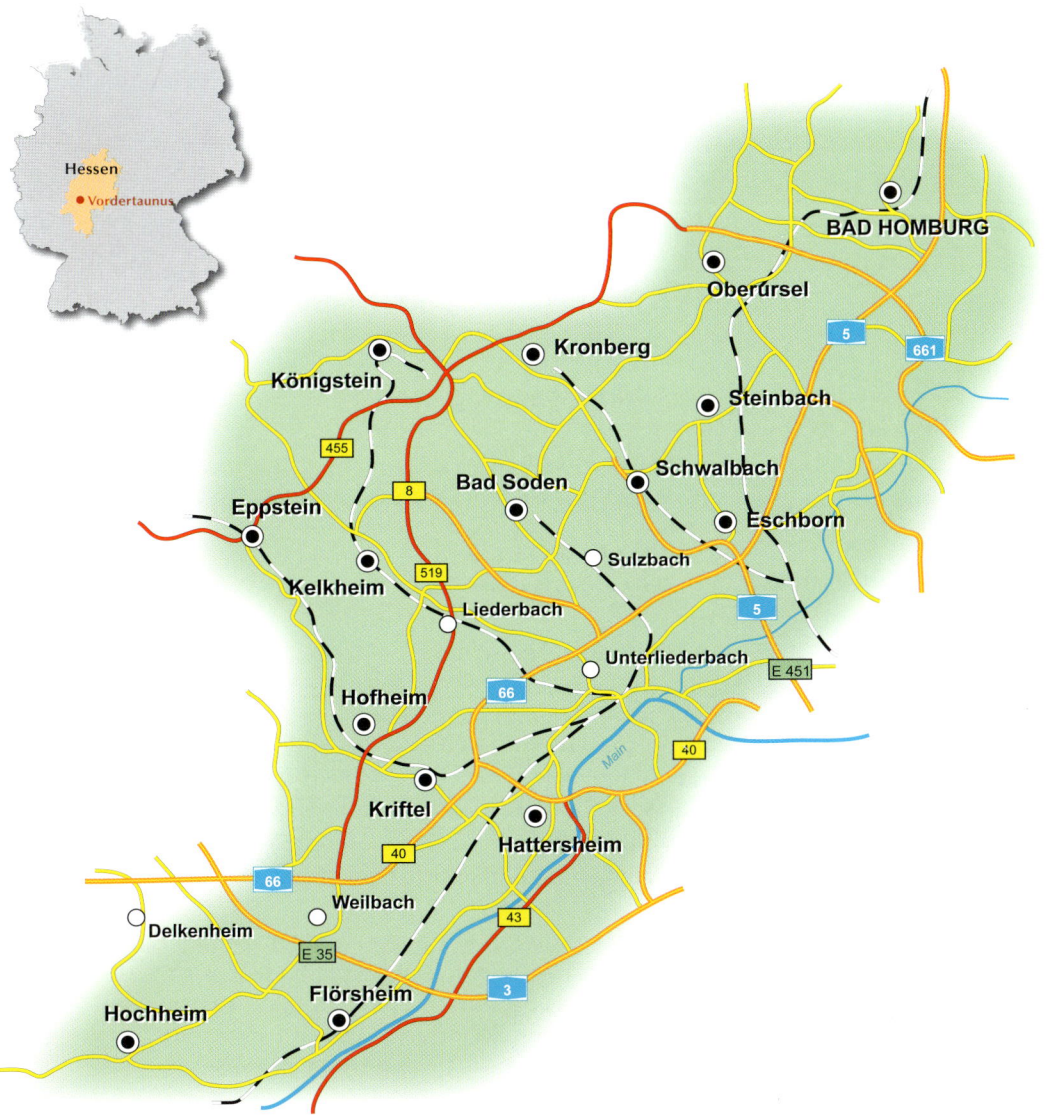

Geschichten und Erzählungen

Sodeniaquelle

Inhaltsverzeichnis

Wenn nicht anders vermerkt, sind alle Rezepte für vier Personen ausgelegt.

Apfelblüte

Vorwort

Liebe Freunde der guten Küche,

der Taunus überzeugt seine Bewohner und Besucher nicht nur mit der Vielfalt seiner Sehenswürdigkeiten und Freizeitangebote, sondern auch mit seiner abwechslungsreichen Küche. Viele Gaststätten bieten neben den mittelhessischen Klassikern auch zeitgemäße Interpretationen der Taunus-Küche an. Leibgerichte, die uns schon als Kinder begeistert haben, raffiniert kombiniert mit den vielen Einflüssen, die in den letzten Jahren Einzug in unsere Küche gehalten haben.

Vor allem die regionalen Spezialitäten, wie die Taunus-Lachsforelle, zahlreiche Apfelsorten unserer Streuobstwiesen, die beliebten Kastanien und die frischen Produkte der Biohöfe im Taunus sorgen für eine abwechslungsreiche und gesunde Küche. Die meisten Zutaten können Sie sogar in den Hofläden der einheimischen Bauern erstehen.

In diesem Kochbuch wurden die spannendsten und leckersten Höhepunkte unserer Taunus-Kochkunst für Sie zusammengestellt: Rezepte aus Großmutters Zeiten, die (fast) in Vergessenheit geraten waren und Rezepte, mal klassisch und mal ganz neu kreiert.

Lassen Sie sich mitnehmen auf eine kulinarische Reise durch unsere spannend geprägte Geschichts- und Kulturlandschaft, deren Charakter sich in sämtlichen dieser Rezepte widerspiegelt.

Ich wünsche Ihnen viel Spaß beim Nachkochen!

Daniela Pompe
Geschäftsführerin des Taunus Touristik Service e.V.

Daniela Pompe, Geschäftsführerin Taunus Touristik Service e.V.

Grußwort von Landrat Berthold Gall

Liebe Leser, Köche und Schlemmer,

was der Vordertaunus kulinarisch zu bieten hat, kann man nicht nur bei Tisch erleben. Bei kleinen Ausflügen können Spaziergänger, Wanderer und Fahrradfahrer die Vielfalt unserer regionalen Landwirtschaft auf verschiedenen beschilderten Routen erkunden.

So viel rustikalen Charme hätten Sie zwischen den Bürotürmen der vielen großen Unternehmen im Main-Taunus-Kreis gar nicht vermutet? Dann lassen Sie sich eines Besseren belehren: Von den Erdbeeren über die Streuobstwiesen bis zu den Rieslingtrauben wachsen aus dem Boden des Vordertaunus die Zutaten für viele Speisen, die Sie in diesem Kochbuch finden können.

Zu den deftigen Speisen gibt es auf der Apfelweinroute oder der Rieslingwanderung unsere flüssigen Spezialitäten im malerischen Ambiente zwischen Weinbergen und Obstbäumen. In zahlreichen Hofläden erhalten Sie Ihr Essen frisch vom Feld.

Mit dem Kochbuch von Wolfgang Bender kommt der Vordertaunus auch in Ihre Küche. Erfahrene Gastronomen und zahlreiche Helfer aus der Region haben daran mitgearbeitet, tolle Rezepte zusammenzutragen. Mit traditionellen bis modernen Gerichten soll die Sammlung verschiedenen Vorlieben gerecht werden.

Aber beim Essen geht es um weit mehr, als nur ums Sattwerden. Essen gehört zur Kultur. Auch diesen Aspekt nimmt das Buch auf und erzählt von den Menschen aus dem Vordertaunus, ihrer Art zu feiern und zu leben. Zahlreiche Kurzgeschichten, Erzählungen und Fotos sind ein Genuss für alle Sinne.

Gehen Sie auf Entdeckungstour, lernen Sie den Vordertaunus kennen und lassen Sie es sich schmecken.

Guten Appetit und viel Spaß beim Lesen

Ihr Berthold R. Gall
Landrat Main-Taunus-Kreis

Berthold R. Gall, Landrat des Main-Taunus-Kreises

Der Autor, mein Vater – ein Koch mit Tradition

Von Elisabeth Bender

Geboren ist Wolfgang Bender am 1. Juli 1956 im Kloster in Kelkheim am Taunus. Die Möbelstadt – bekannt für ihre Schreinerarbeiten und nur 20 Kilometer von Frankfurt entfernt – betrieb bis Anfang der 1960er Jahre auf dem Klostergelände ein Krankenhaus für Geburtshilfe.

Als hessischer Bub mit zwei Geschwistern ist er im Gasthaus »Zum Taunus« in Kelkheim-Hornau aufgewachsen, welches bis 1973 traditionell mit Ackerbau und Viehzucht betrieben wurde. Seine Eltern und Großeltern verwendeten damals das selbst angebaute Getreide zur Fütterung der Tiere. Diese wurden nach der Schlachtung im Gasthaus mit den aus eigenem Anbau stammenden Kartoffeln, Salaten und Gemüse angeboten. Auch die Äpfel der diversen Streuobstwiesen wurden gekeltert, zu Apfelwein vergoren und gelten bis heute als das traditionelle Getränk zu den regionalen Speisen. Seine Ausbildung zum Koch genoss Wolfgang Bender in der Jahrhunderthalle Frankfurt und absolvierte nach den Wanderjahren den Abschluss der Küchenmeisterprüfung am Bodensee auf der Insel Mainau.

1987 übernahm der 31-Jährige mit seinem Bruder Heinz Bender (Hotelkaufmann) den Betrieb seiner Eltern in 7. Generation. Sie erweiterten die Produktpalette von Apfelwein auf Apfelsaft, Apfelschaumwein und den hochprozentigen Apfelschnaps. Die Frucht wird weiterhin ihr Leben begleiten und sie für genussvolle Kreationen, wie die Apfelsuppe inspirieren.

Schon bald nach der Übernahme der Gaststätte und der Obstwiesen engagierte sich der junge Küchenchef bei »Hessen à la Carte« zur Weiterbildung des Köche-Nachwuchses und war einige Zeit als Referent in der Meisterschule tätig. Bis heute ist ihm die Aus- und Weiterbildung sehr wichtig, was sich unter anderem durch seine Tätigkeit als IHK-Prüfer zeigt.

Beim Kochen setzt er nach wie vor auf traditionelle Gerichte, die von Generation zu Generation weitergegeben werden. Das Konzept »Oma Annas Küche« geht auf, das heißt: frische Produkte aus regionalem Anbau, traditionell oder neu interpretiert. Alles ist möglich, die einzige Bedingung: Lecker muss es sein!

Viel Spaß beim Lesen und Genießen!

Elisabeth Bender

Danke,

an alle, die dieses Buch möglich gemacht haben. Als ich angesprochen wurde, ein Kochbuch über meine Heimatregion zusammenzustellen, dachte ich als erstes an die Rezeptsammlungen meiner Großmutter Anna und meiner Mutter Elli. Beide haben mit viel Fleiß und ebenso viel Begeisterung die Küche unseres Gasthauses geprägt.

Vater und Großvater erlebte ich in meiner Kindheit mehr in der Landwirtschaft. Einen großen Teil der »historischen« Fotos verdanke ich meinem Vater, der schon in jungen Jahren die Menschen bei ihrer täglichen Arbeit fotografierte. Mit eingebracht haben sich auch die Kollegen vom Gimbacher Hof, insbesondere Frau Schila, die Familie Rembser, die das Alte Rathaus Café in Hofheim betreiben und Oliver Weiß, der den Goldenen Apfel und die Stadthalle Hofheim bewirtschaftet.

Unterstützung kam von vielen Seiten, so vom Taunus Touristik Service und vielen ungenannten Helfern; auch von meiner eigenen Familie, die mich beim Zusammenstellen und Schreiben der Rezepte unterstützt hat.

Die Herren Fuchs und Reuss brachten Texte mit ein, auch ihnen gebührt mein Dank. Ebenso Frau Kauber, die oft Verständnis mit mir haben musste, wenn Manuskripte oder Fotos nicht in der gewünschten Form vorlagen.

9

Sonnenaufgang über Kloster Kelkheim

Wolfgang Bender

Vordertaunus

Wenn mich einer fragt, wo ich am liebsten leben würde, so wäre die Antwort: Im Vordertaunus. Es ist die besondere Lage am Ende der Rheinischen Tiefebene, wo das Klima milder ist als in den Mittelgebirgen rundum. Die Winter sind nicht so lang, der Frühling in all seiner Blütenpracht wunderschön. Im Sommer sind selbst heißeste Temperaturen bei einem Waldspaziergang noch gut zu ertragen und im Herbst liegt ein besonderer Duft über der Landschaft, vom Getreide, das geerntet wird und vom Obst. In Bad Homburg sprechen sie von der Champagnerluft, die schon viele gekrönte Häupter zum Kuren einlud.

In den letzten Jahrzehnten hat sich das Leben im Vordertaunus stark verändert. War es Anfang des 20. Jahrhunderts noch stark durch die Landwirtschaft geprägt, wo Kleinbauern mit Pferd oder Ochsengespannen und sehr viel Handarbeit dem Feld die Früchte abgerungen, so ist heute unsere Gegend geprägt durch den Ballungsraum Rhein-Main. Als beliebte Wohnstätte nordwestlich um Frankfurt, schätzt man die Nähe zur Großstadt mit all ihren Möglichkeiten für Einkauf, Kultur und Freizeitgestaltung und ebenso die Nähe zur Natur.

Um die Ortskerne, die vielen noch in Fachwerk gebauten Häuser, haben sich moderne Siedlungen gebildet oder viele Wohngebiete mit Reihen- oder Einzelhäusern. In den Städten sind schöne Einkaufsstraßen entstanden, Ärztezentren und viele kulturelle Einrichtungen, die zum Verweilen einladen.

Wer Interesse an mittelalterlichem Leben hat, kann sich Burgen in Kronberg, Königstein, Falkenstein oder in Eppstein anschauen oder auf römischen Spuren wandeln. Die Saalburg – ein Römerkastell in Bad Homburg, von der UNESCO zum Weltkulturerbe erklärt – veranschaulicht die Lebensweise der Römer bis hin zu römischen Speisen, die dort nach alten Rezepten nachgekocht werden. Aber nicht nur die Saalburg, es gibt noch mehrere Kastelle und Fundamente von Bauten, deren Grundmauern es zu besichtigen gilt. Selbst der fast 2000-jährige Limes ist heute noch in Teilen zu sehen.

Schloss Friedrichshof (Schlosshotel) Kronberg

Der Kurpark von Bad Homburg ist nicht nur aus botanischer Sicht ein Erlebnis. Künstler nutzen ihn als Projektionsfläche für ihre Ausstellungen. In Oberursel, am Ende der U3 Haltestelle Hohemark, wurde erst kürzlich das Taunus Informationszentrum eingeweiht. Dort bekommt man alle Informationen über einen kurzweiligen Aufenthalt und über den Naturpark Taunus, den zweitgrößten Naturpark in Hessen. 1240 Kilometer Wanderwege sind zu erkunden. Das geht jetzt auch mit einem Elektrofahrrad, welches dort auszuleihen ist. In einer Ausstellung im Hause kann man sich über Wissenswertes informieren oder seine Kräfte an einer Kletterwand messen.

Von Oberursel in südlicher Richtung durch Steinbach kommt man nach Eschborn. Der alte schöne Stadtkern ist heute umgeben von Einkaufsmärkten und großen Bürokomplexen, die das moderne Eschborn prägen. Selbst die Frankfurter Börse hat jetzt ihren Sitz im Südteil der Stadt.

Von Eschborn über Schwalbach geht es nach Bad Soden. Die Kurstadt am südlichen Taunushang hat in den letzten Jahren einen Wandel erlebt. Ende der 1990er Jahre kurten immer weniger Gäste in den Kurstädten und so musste man neue Wege gehen, um die vorhandenen Kapazitäten zu nutzen. Die Stadt mit ihrem schönen

Kurpark Bad Homburg

Turm der Burg Eppstein

Quellenpark lädt zum Verweilen ein. Dort kann man auch das »Hundertwasserhaus« bestaunen. 1990 wurde der Grundstein gelegt. Der Wiener Künstler Friedensreich Hundertwasser hat dieses Haus entworfen.

Von Bad Soden zu einer vermögenden Gemeinde im Vordertaunus: Sulzbach. Dort wurde 1964 das Main- Taunus Zentrum gebaut. Das erste Einkaufs-Zentrum in Deutschland. Von der ersten Automatenstraße und anfänglich 50 Geschäften ist es seit Beginn ständig gewachsen und beherbergt mehr als 100 Betriebe und Kaufhäuser.

Kelkheim – Stadt der Möbel ... Viele Schreinereien und auch kleine Möbelfabriken waren noch bis in die 80er Jahre des letzten Jahrhunderts in der Stadt beheimatet. Die Kelkheimer Möbelmesse gab den Werkstätten ein Forum, ihre Produkte über die Grenzen hin zu zeigen. Für den Kaiserpalast von Haile Selassie I., Kaiser von Äthiopien, wurden Möbel aus Kelkheim gefertigt und dort eingebaut. Auch heute gibt es noch Spezialisten für Möbelbau in der Stadt. Ihre Anzahl hat sich sehr ver-

Blick vom Großen Feldberg

Pavillon Bad Soden Quellenpark

ringert. Im Holunderhof befindet sich das Museum Kelkheim, in dem die Stadtge-schichte und auch die Möbelproduktion in der Stadt gezeigt werden.

Südlich von Kelkheim und verbunden durch die Frankfurt-Königsteiner-Eisenbahn (FKE) liegt Liederbach, das Tor zum Taunus.

Fährt man mit der FKE von Frankfurt-Höchst über Liederbach und Kelkheim wei-ter nach Schneidhain, kommt man zur Endstation Königstein. Die Burgruine thront über der Königsteiner Altstadt. Schon die Staufer haben dort ihre erste Burg gebaut und manch Prominenter hat den Luftkurort zu seinem Domizil gewählt. Malerisch schmiegt sich die Altstadt von Kronberg um die Burg. Ebenso wie Königstein war auch Kronberg ein begehrter Wohnort am Südhang des Taunus.

Hofheim ist die Kreisstadt des Main-Taunus-Kreises mit schöner Innenstadt und attraktiven Einkaufsmöglichkeiten. Viele große und mittelständische Unternehmen haben sich in Hofheim und den angegliederten Nachbargemeinden angesiedelt. Die Anbindung an die Verkehrwege, ob Autobahnen, Bahn oder die Nähe zum Rhein-Main-Flughafen fördern die wirtschaftliche Entwicklung.

In Kriftel, der Nachbargemeinde von Hofheim, bestimmen Obstbäume und Erd-beerfelder das Umland. In Kriftel hat auch die Raiffeisen ihren Standort im Main-Taunus-Kreis. Eine der schönsten Berufsschulen im Kreis, die Konrad Adenauer Schule, befindet sich dort.

Am Main entlang liegen Hattersheim, Flörsheim und die Wein- und Sektstadt Hochheim. Als die englische Königin Victoria 1850 mit ihrem Gemahl Hochheim besuchte, fand sie dort einen Wein, der ihr bestens mundete. Sie adelte den Wein-berg und 1854 wurde zu diesem Anlass ein Denkmal in diesem Weinberg gebaut. So fand der »Hock« seinen Weg ins englische Königshaus. Eine Tradition, die heute noch gepflegt wird. In Hochheim befindet sich auch das einzige Weinbau Museum in Hessen.

Hochheimer Weinberge

Apfel-Lauch-Salat

2 rotschalige Äpfel (Braeburn)	grob reiben.
2 Eier	hart kochen und grob schneiden.
2 – 3 Stangen Lauch	waschen, in feine Streifen schneiden. Alle Zutaten zusammen mit
etwa 200 g Maiskörner	und
200 g Mayonnaise	gut vermischen. Mit
Salz, Pfeffer	würzen. Einen halben Tag durchziehen lassen.

Ist als sommerlicher Imbiss geeignet.

Blick vom Burgturm Richtung Süden, vorne das Luxemburger Schloss

Gut geeignet für den Apfelsalat

Apfelsalat mit Geflügelleber

2 Äpfel	waschen, schälen, das Kerngehäuse ausstechen und in dünne Spalten schneiden. Mit dem
Saft ½ Zitrone	beträufeln.
400 g Geflügelleber	von den Gefäßen befreien und in gleichmäßige Scheiben schneiden. In
1 EL Mehl	wälzen.
1 EL Butter	in einer Pfanne erhitzen und die Geflügelleber kurz darin anbraten. Kurz abtropfen lassen und mit
Salz, Pfeffer	würzen. Für die Salatsoße
1 EL Öl	mit
150 g Joghurt	verrühren. Nach Geschmack würzen.
1 Kopf Lollo-Bionda Salat	putzen, waschen und die Soße darüber geben. Danach die warme Leber darauf verteilen. Zum Schluss
1 Bund Schnittlauch (klein)	waschen, fein schneiden und darüber streuen.

15

Apfellese mit Maschine

St. Martin Kelkheim Hornau

> *Die Gabel bringt Ehr,*
> *der Löffel bringt mehr!*

Bärlauchcreme

30 g frischer Bärlauch	waschen und klein schneiden. Wasser zum Kochen bringen und den Bärlauch in einem großen Sieb kurz blanchieren. Kalt abschrecken und trocken schwenken, dann fein hacken.
200 g Doppelrahm-Frischkäse	in eine Schüssel geben und mit
50 ml saure Sahne	verrühren. Mit
Salz, Pfeffer (aus der Mühle)	und dem Saft von
¼ Zitrone	abschmecken.

> *Ein herzhafter*
> *Brotaufstrich.*

Hochheim

Herbst

Feldsalat

250 g Feldsalat	putzen und waschen.
1 kleine Zwiebel	in feine Würfel schneiden. Die Zwiebelwürfel mit
2 EL Walnussöl	
4 – 5 EL Balsamico-Essig (dunkel)	und
1 Prise Salz, Pfeffer (aus der Mühle)	zu einer Salatsoße anrühren.
50 g Dörrfleisch	in feine Würfel schneiden und in einer Pfanne kräftig anbraten. Die Dörrfleischwürfel aus der Pfanne nehmen. Erst kurz vor dem Servieren (der Salat fällt schnell zusammen) den Salat mit der Salatsoße vorsichtig mischen und zum Schluss die warmen Speckwürfel darüber streuen. Ein Esslöffel des Bratfettes kann ebenfalls unter den Feldsalat gemischt werden.

Sowohl als kleine Speise, als auch als Beilage zu Wild oder Fleischgerichten geeignet.

17

Burgmauer Königstein

Burg Königstein

Frankfurter Grüne Soße-Salat

Von Oliver Weiß, Restaurant Goldener Apfel

250 g gekochtes Rindfleisch	in Würfel schneiden.
250 g gekochte Kartoffeln	
5 Eier (hart gekocht)	beides ebenfalls würfeln.
200 g Spargel	waschen, schälen abkochen und in etwa 1 bis 2 cm große Stücke schneiden.

Die Grüne Soße

125 g »Frankfurter Grüne Soße«-Kräuter	waschen, fein hacken.
100 ml saure Sahne	und
100 g Mayonnaise	dazugeben und vermischen. Mit
Salz, Pfeffer	würzen. Einen Spritzer
Zitronensaft	zufügen. Mit
Worcestershire-Soße	nach Geschmack abschmecken.

18

> »Frankfurter Grüne Soße«-Kräuter gibt es als Päckchen im Handel zu kaufen. Sie besteht aus Kresse, Kerbel, Borretsch, Petersilie, Sauerampfer, Schnittlauch und Dill.

Raureif

Fischers Haus in der Langestraße in Hornau

Gänseschmalz

250 g Gänseflomen	in kleine Stücke schneiden.
250 g Schweineflomen oder grüner Speck	auch in kleine Stücke schneiden. In einen Topf geben und bei kleiner Flamme schmelzen, dann durch ein Sieb geben. Die Grieben entsorgen. Das Fett abermals aufsetzen.
1 kleine Zwiebel	schälen, in kleine Würfel schneiden. In das Schmalz hineingeben.
1 Apfel	waschen, schälen und reiben, ebenfalls dazugeben und bei geringer Hitze alles kurz aufkochen. Mit
Salz, Pfeffer	abschmecken.

Gänseflome sind die zwei Fettteile am hinteren Rücken der Gans. Beim Vorbereiten des Gänsebratens fällt immer die Gänseflome an. Gänseschmalz, welches ohne Schweineschmalz zubereitet wird, ist bei Zimmertemperatur flüssig. Nach der Zubereitung in verschließbare Gläser abgefüllt, hält sich das Schmalz einige Wochen im Kühlschrank.

19

Apfelplantage im Winter

Kaiser Friedrich III., Bad Homburg Kurpark

Presskopfsalat

1 Apfel	waschen, schälen und fein würfeln. Ebenso
2 Zwiebeln	schälen, fein würfeln.
2 Gewürzgurken	in feine Streifen schneiden. Alle Zutaten in eine Schüssel geben.
2 EL Öl, 2 EL Essig	zufügen. Mit
Salz, Pfeffer (schwarz, aus der Mühle)	würzen.
1 Ei (hart gekocht)	fein würfeln und untermischen.
1 Bund Schnittlauch	waschen, klein schneiden und ebenfalls zugeben. Von
250 g Presskopf	die Haut abziehen. In Streifen schneiden. Den Presskopf in die Schüssel geben. Mit den restlichen Zutaten gut vermischen und etwa 15 Minuten durchziehen lassen.

Dazu ein herzhaftes Bauernbrot reichen.

Apfelblüte mit Blick auf Frankfurt

Rindfleischsalat

400 g mageres, gekochtes Rindfleisch (Tafelspitz oder Ochsenbrust)	erst in Scheiben, dann in Streifen schneiden.
1 Zwiebel	schälen, in feine Streifen schneiden.
2 Essiggurken	in feine Streifen schneiden und alles in eine Schüssel geben.
1 Bund Schnittlauch	waschen, fein schneiden.
1 Bund Petersilie (glatt)	waschen, fein hacken. Die Kräuter mit
3 EL Essig, 3 EL Öl	und
Salz, Pfeffer (schwarz, aus der Mühle)	vermischen. Unter das Fleisch geben und mehrere Stunden durchziehen lassen.

Variante: Teufelssalat

In einer pikanteren Variation kann man noch frischen Paprika dazu schneiden und die Marinade durch Ketchup ersetzen. Abschmecken dann mit Salz, Paprikapulver und Chili oder Cayennepfeffer.

Kartoffelsalat mit Äpfeln

750 g Pellkartoffeln	kochen, schälen und in Würfel schneiden.
150 – 200 g Rote Bete	auf einem Sieb abtropfen lassen und in Würfel schneiden. Beides beiseite stellen.
2 säuerliche Äpfel	schälen, vierteln und in Scheiben schneiden.
2 Zwiebeln	fein schneiden und würfeln.
4 saure Heringe (Rollmöpse)	in Würfel schneiden. Die Heringe mit den Äpfeln und den Zwiebeln in eine Schüssel geben und mit
Salz, Pfeffer (schwarz)	
1 Prise Zucker	sowie etwa
1 EL Apfelessig (nach Geschmack)	abschmecken. Gut mischen. Zugedeckt 30 Minuten im Kühlschrank ziehen lassen. Nun die abgekühlten Kartoffelwürfel und die Rote Bete-Würfel unterheben. Mit
Rapsöl	verfeinern und eventuell nochmals nachwürzen.
Zwiebelringe und Petersilie	zum Anrichten und Garnieren der Salatteller verwenden.

22

Garten im Schloss Rettershof

Brunnen neue Stadtmitte Kelkheim

Handkäsesalat

2 Stück Handkäse	in Würfel schneiden.
2 Scheiben dunkles Roggenbrot	in Würfel schneiden.
1 Schalotte	schälen und fein würfeln.
2 – 3 Radieschen	in feine Scheiben schneiden.
1 kleiner Eisbergsalat	putzen, waschen und grob zerpflücken. Dann aus
2 EL Salatöl	
4 – 5 EL Apfelessig	
1 Prise Salz	
1 Prise Pfeffer (schwarz)	
1 Prise Kümmel (gemahlen)	eine Salatsoße herstellen. Alle Zutaten mit der Soße zusammen in einer Schüssel vermengen und durchziehen lassen. Mit etwas frisch geschnittenem Schnittlauch dekorieren.

23

Louisenstraße Bad Homburg, Fußgängerzone

Bahai Tempel in Hofheim Langenhain

Vom Handkäs'

Von Fritz Fuchs

Gäste wollen kommen, es ist an der Zeit, vom »Handkäs'« zu sprechen. Beizeiten hatte ich ihn besorgt, denn er muss absolut reif sein, wenn man ihn mit der Musik zusammentut. Ein Irrglaube ist es, wenn man denkt, der Käse würde nachreifen und »durchziehen«. Schon vor dem Einlegen muss er durch und durch glasig sein und kein bröckeliges Weiß darf beim Schneiden oder Beißen sichtbar werden. Und damit kommen wir auch schließlich zur Frage des Rituals. Was schert uns der lästige Disput der Bayern um die Frage, wie denn nun und wann die Weißwurst gegessen werden kann und darf? Ob man sie scheibchenweise schneidet, ob man mit einem Längsschnitt das Gebilde aufschlitzt oder ob es gar schicklich ist, den noch immer nicht klar definierten Inhalt einfach so aus dem Darm oder der Haut herauszudrücken oder zu »suggele«. Man sagt ja auch, die Weißwurst hieße so, weil keiner weiß, was drin ist.

24

Unsere Probleme mit dem Handkäs', so es denn solche überhaupt sind, haben ganz andere Ursachen. Wird der Gast ein bekennender hessischer Handkäs'-Esser sein oder nur ein gelegentlicher, der zudem noch aus einer Gegend kommt, wo man Messer und Gabel zum Essen benötigt? Unter Bekannten kann man die Gretchenfrage alsbald stellen: »Nun sag', wie hast Du's mit der Gabel?« Freilich, auch Kenner der hiesigen Gepflogenheiten benutzen mitunter die Gabel, wenn sie Angst haben, dass ihnen was auf die Hose fällt, aber normalerweise essen wir den Käs' halt nur mit dem Messer. Butterbrot geschmiert, mit der linken Hand gehalten, mit der rechten ein Stück Käse abgeschnitten, an den vorderen Rand der Brotscheibe gelegt, ein paar in Essig und Öl getränkte Zwiebelstückchen draufgepackt und abgebissen. So läuft das. Und jetzt zeigt sich zumeist, wie wichtig es ist, beizeiten einzuschätzen, wie es der Gast mit den Gebräuchen hält und wie man selbst zu agieren gedenkt. Es geht, kurz gesagt, um die Dicke der Brotscheiben. »Warum?«, wird man fragen.
Ja, es handelt sich um die Statik der Brotscheibe. Um die Dicke, genauer gesagt. Sie hat ja was zu tragen, die Brotscheibe. Sie muss auch eine begrenzte Saugfähigkeit für Essig und Öl besitzen. Für mich ist die Sache relativ einfach. Ich besitze eine elektrische Brotschneidemaschine, die es mir ermöglicht, jedermann sozusagen nicht nur nach dem Mund zu reden, sondern auch zu schneiden. Aufgeschmissen sind jene Menschen, die ihr Brot nicht von Hand schneiden können und deshalb zum geschnittenen Brot greifen müssen. Welche Scheibendicke brauche ich? Beim Messer-und-Gabel-Esser spielt das keine Rolle. Der matscht mit dünnen und di-

cken Scheiben in der Soße auf seinem Teller herum, aber der wahre Käs'-Esser benötigt eine gescheite Unterlage für den Käsetransport zum Mund. Ratlos steht der Gastgeber beim Einkauf vor dem Brotregal. »Urväter-Brot« mit 5 Millimeter Dicke oder »Bauernbrot« mit 10 Millimeter? Oder gar »Bergsteigerbrot« mit 11,5 Millimeter? Wir müssen ihm die Entscheidungsfindung selbst überlassen. Als reisefreudiger Mensch weiß ich mittlerweile auch, weshalb es beispielsweise in Irland oder Frankreich keinen Handkäs' mit Musik gibt: Die Iren backen (wenn man das überhaupt so nennen kann) ein weiches, fast kuchenähnliches Brot, das nicht einmal ein Achtel eines Käses tragen könnte und das Baguette der Franzosen ist zwar knusprig, aber im Aufschnitt viel zu schmal. Aber wozu brauchen auch gerade die Franzosen einen Handkäs'? Ihre berühmten Brie-Käsesorten, ihr Romadur, ihr Foume d'Ambert, ihr Roquefort sind auch nicht gerade zu verachten.

Beinahe hätte ich den Schlusssatz zu diesem Kapitel vergessen: Natürlich verzichteten sowohl die eingangs erwähnten Gäste wie auch ich auf den Einsatz einer Gabel. Die Stärke der Brotscheibe hatte ich auf runde 12 Millimeter festgelegt. Das reichte.

Roggenbrot zum Handkäs'

Rote Bete Salat

500 g Rote Bete	mit einer Bürste gut abschrubben und waschen. Putzen, aber nicht schälen. In
Salzwasser	aufsetzen und je nach Größe 40 Minuten kochen. Dann in kaltem Wasser abschrecken. Die Schale abziehen und in dünne Scheiben schneiden.
½ Stange Meerrettich	waschen, putzen und fein reiben.
125 ml Weinessig	zum Meerrettich geben.
30 g Öl	dazumischen.
1 Zwiebel	putzen, schälen und in dünne Scheiben schneiden. Die Rote Bete, Meerrettich und Zwiebeln miteinander vermischen. Mit
Salz, Zucker	abschmecken.

Variante 1: Rote Bete Carpaccio

Statt einem Salat die Rote Bete in Scheiben (sehr dünn geschnitten) auf einem Teller anrichten. Das Dressing aus Essig, Öl, Salz und Zucker mit einem Pinsel darauf verteilen und die dünn geschnittenen Zwiebelringe nebst dem fein geriebenen Meerrettich darauf verteilen.

Variante 2: Rote Bete Chips

Die Rote Bete in etwa 1,5 bis 2 Millimeter dicke Scheiben schneiden und sie in heißem Fett frittieren. So sind sie eine interessante Beilagenvariation.

Eschborn Gewerbegebiet Süd

Neues Börsengebäude der Börse Frankfurt in Eschborn

Rustikaler Wurstsalat

200 g Presskopf	und
200 g Blutwurst	in Streifen schneiden.
150 g Schnittkäse (Edamer oder Gouda)	ebenfalls in Streifen schneiden. Alles in eine Schüssel geben. Mit
Salz, Pfeffer (aus der Mühle)	würzen.
2 kleine Zwiebeln	in feine Würfel schneiden.
10 Radieschen	in feine Scheiben schneiden. Beides ebenfalls dazugeben und zum Schluss
3 EL Salatöl, 6 EL Essig	unterrühren.

Dazu passen ein kräftiges Roggenbrot oder Bratkartoffeln.

27

Kreisel in Königstein

Blick vom Zauberberg in Kelkheim Ruppertshain

Tafelspitz-Sülze

1 kg gekochter Tafelspitz	in kleine Würfel (etwa 4 mm) schneiden.
1 Karotte	und
½ Sellerieknolle	waschen und in fein würfeln.
½ Stange Lauch	halbieren, waschen, ebenfalls würfeln. Das Gemüse in
200 ml Fleischbrühe	fast weich kochen.
35 g Aspikpulver (Gelatine)	abwiegen. Das Pulver in
300 ml Fleischbrühe (kalt)	einrühren und 10 Minuten quellen lassen. Nach dem Quellen langsam erhitzen bis die Gelatine sich aufgelöst hat. Alle Zutaten mischen. Mit
Salz	abschmecken und
Muskatnuss	nach Geschmack dazureiben. Dann alles in eine Form gießen und 1 bis 2 Stunden kühl stellen.

> *Man kann die Sülze auch in Suppenteller portionieren und zur Tellersülze erkalten lassen. Als Beilage eignen sich Bratkartoffeln und Grüne Soße.*

Grüne Soße

> *Anstelle von saurer Sahne kann man auch 250 g Joghurt verwenden. Als kaltes Gericht mit gekochten Eiern und Kartoffeln ein erfrischendes Sommergericht.*

1 Pck. Grüne Soße (etwa 125 g, Petersilie, Borretsch, Pimpernelle, Kerbel, Schnittlauch, Kresse, Sauerampfer)	Kräuter waschen und fein hacken. Die Kräuter in
250 ml saure Sahne	einrühren. Nach Geschmack mit
Salz, Pfeffer	würzen. Nun alles mit 1 Spritzer
Zitronensaft	verrühren. Zum Schluss
200 g Schmand	unterheben.

Eier und Grüne Soße

Weißkrautsalat

1 kg Weißkohl	waschen, in feine Streifen schneiden.
Salzwasser	in einem Topf zum Kochen bringen und das Weißkraut kurz blanchieren. Dann abtropfen lassen und in eine Schüssel geben.
Pfeffer (weiß)	und eventuell
Salz	nach Geschmack sowie
Kümmel (gemahlen)	dazugeben.
4 EL Essig	und
2 EL Öl	vermischen. Ebenfalls zum Kraut geben.
125 g Dörrfleisch	in feine Würfel schneiden und kross anbraten.
1 Zwiebel	schälen, in feinen Würfeln zum Dörrfleisch in die Pfanne geben und glasig werden lassen. Dann das Bratfett abgießen und die Speckwürfel und Zwiebeln unter das Weißkraut mischen. Alles ein paar Stunden durchziehen lassen.

29

Eignet sich als Komponente bei gemischtem Salat oder auch zu herzhaften Fleischgerichten.

Lodge im Opelzoo

Bärlauchsuppe

Der Bärlauch wächst in den Wäldern zwischen Ende März und April. Beim Sammeln genau darauf achten, dass er nicht mit Maiglöckchen verwechselt wird. Diese sind giftig und haben einen etwas anderen Blattansatz, riechen auch nicht nach Knoblauch.

250 g Bärlauch	putzen und klein hacken.
1 Zwiebel	schälen, in feine Würfel schneiden.
50 g Butter	in einem Topf erwärmen, die Zwiebeln und den Bärlauch darin durchschwitzen.
50 g Mehl	über den Ansatz streuen und kurz mit durchschwitzen.
1 l Gemüsebrühe	in den Topf gießen und durchkochen. Nach etwa 15 Minuten die Suppe mit einem Passierstab durchpassieren.
100 ml süße Sahne	in die Suppe einrühren und nicht mehr kochen lassen.

Anstatt die Sahne in die Suppe zu geben, kann man sie auch aufschlagen und dann mit einem Spritzbeutel auf die Suppe dekorieren.

Pferdekoppel am Rettershof

Geröstete Grießsuppe

30 g Öl	erhitzen.
100 g Grieß	einrühren und rösten, bis der Grieß eine goldgelbe Farbe hat.
2 l Fleischbrühe	aufgießen und etwa 15 Minuten kochen.
Suppenkräuter	fein hacken und einrühren. Suppe durchkochen lassen.
Petersilie oder Kerbel	fein hacken und darüber streuen.

Suppenauswahl

Was fer Supp isst de gern,
Grießmehl oder Grienekern.
Oder prima Suppedeich
Oder Bohne zahrt un weich.
Oder Nudele breid un schmal
Oder Erbse sach emal.
Duht dir nix davon behache,
So probiers mit Suppeilache,
Knorr un Maggi mache die best Sort
Wo der net de Mage knorrt
Und von feinster Güde kriche
Und spottbillich in jedem
Lebensmittellade zu beziehe!!!

Aus einem Lebensmittelkatalog von 1895

31

Altstadt Oberursel

Grünkernsuppe

1 kleine Zwiebel	putzen, würfeln.
1 Karotte	waschen, schälen und würfeln.
½ Stange Lauch	halbieren, putzen, waschen und in feine Streifen schneiden.
70 g Grünkern-Grieß	in einem Topf trocken anrösten, etwas abkühlen lassen,
2 EL Butter	und das Gemüse hinzufügen und anschwitzen.
1 l Brühe	aufgießen und kochen lassen.
Petersilie	zur Dekoration fein hacken und darüber streuen.

Steinpilzrahmsuppe

300 g Steinpilze	putzen und klein schneiden.
1 Zwiebel	fein würfeln.
50 g Butter	in einem Topf erwärmen, die Zwiebeln und die Steinpilze durchschwitzen. Bevor die Pilze weich sind, 3 Esslöffel davon herausnehmen und in Suppentassen oder Teller verteilen.
40 g Mehl	über die verbliebenen Pilze streuen und kurz mit durchschwitzen.
1 l Fleischbrühe	in den Topf gießen und durchkochen. Nach etwa 15 Minuten die Suppe mit einem Passierstab durchpassieren.
100 ml süße Sahne	zufügen und nicht mehr kochen lassen. Die Steinpilzrahmsuppe auf die in den Tellern verteilten Pilze geben.
1 Bund Petersilie (klein)	fein hacken und auf die Suppe verteilen.

> *Die beste Zeit für frische Steinpilze ist von September bis Oktober, je nach Witterung. Wie der Pfifferling, so kann auch der Steinpilz nur im Wald gesammelt werden. Man kann sie nicht züchten.*

Burg Kronberg

Hessische Biersuppe mit Äppelwoi

Von Horst Weihrich, Gimbacher Hof

100 g Zucker	und
1 Stange Zimt	in
250 ml Wasser	etwa 10 Minuten köcheln lassen. Danach die Zimtstange entfernen.
100 g Paniermehl	einrühren.
750 ml Pils	und
250 ml Äppelwoi	zufügen und erhitzen, aber nicht kochen lassen. Die Biersuppe in kleine Bierseidel (0,2 l) einfüllen.
100 ml süße Sahne	steif schlagen und jeweils ein Häubchen obenauf setzen.

Gaststube Gimbacher Hof

33

Lauchsuppe

3 Stangen Lauch	der Länge nach halbieren, gründlich waschen und in feine Streifen schneiden.
60 g Butter	im Topf erhitzen und den Lauch 10 Minuten dünsten.
20 g Mehl	dazugeben, kurz mitschwitzen.
1 l Fleischbrühe	dazugeben und 20 Minuten kochen lassen. Mit
Salz, Pfeffer, Muskatnuss	würzen. Den Topf vom Herd nehmen und
100 ml süße Sahne	langsam hinzugeben. Danach mit einem Passierstab aufmixen.

34

Kaisertempel
Eppstein im Taunus
Erbaut 1894

Hundertwasserhaus in Bad Soden

Kaisertempel (Rückansicht)

Linsensuppe

400 g Linsen	am Vorabend in
500 ml Wasser	einweichen. Am nächsten Tag die Linsen im Einweichwasser zum Kochen bringen.
1 Zwiebel	schälen, würfeln und zu den Linsen geben.
3 Stangen Lauch	
3 Karotten	
1 Sellerieknolle	jeweils waschen, klein schneiden und ebenfalls dazugeben. Mit
1 l Fleischbrühe	auffüllen.
250 g Speck	in Würfel schneiden und separat anbraten, dazugeben. Dann mit
Salz, Pfeffer, Zucker	und
Essig	abschmecken. Kurz vor dem Servieren
Frankfurter Würstchen (nach Bedarf)	dazugeben.

35

Eignet sich auch sehr gut zum Wiedererwärmen.

Linsengedicht

Linse, wo sin se?
Im Dippe, se hippe,
se koche drei Woche
un sin immer noch
so hart wie Knoche.
Deck se zu,
dann hawwe se Ruh!

Volksweisheit

Innenstadt Bad Soden

Hessisch Zwiwwelsupp

500 g Zwiebeln	schälen, in grobe Würfel schneiden.
100 g Schweineschmalz	in einem Topf erhitzen und die Zwiebeln hellbraun andünsten. Mit
50 ml Essig (oder Weißwein)	ablöschen.
1 l Fleischbrühe	aufgießen.
1 Lorbeerblatt, 1 Nelke	dazugeben und rund 20 bis 25 Minuten kochen lassen.
3 – 4 Scheiben Toastbrot	entrinden und in gleichmäßige Würfel schneiden.
50 g Butter	in einer Pfanne erhitzen. Die Brotwürfel darin hellbraun rösten. Mit
Salz, Pfeffer	würzen.
Muskat	nach Geschmack dazureiben. Die gerösteten Brotwürfel kurz vor dem Servieren in die Zwiebelsuppe geben.

Blick vom Rettershof nach Ruppertshain

Kartoffelsuppe

450 g Kartoffeln	waschen und schälen, in kleine Stücke schneiden.
1 Bund Suppengrün	waschen und klein schneiden. In einem Topf
1,5 l Wasser	zum Kochen bringen. Die Kartoffeln und das Gemüse hineingeben.
100 g Dörrfleisch	in feine Würfel schneiden und in einer Pfanne anbraten.
2 kleine Zwiebeln	ebenfalls würfeln und in die Pfanne mit dem Dörrfleisch geben, leicht anbräunen. Danach alles in den Topf geben. Wenn die Kartoffeln und das Gemüse weich sind, mit einem Stabmixer die Suppe passieren, bis sich alles durch ein feines Sieb streichen lässt.
200 g Schmand	in die nicht mehr kochende Suppe einrühren.

Zur Verfeinerung kann man Streifen von Räucherlachs oder Frankfurter Würstchen in die Kartoffelsuppe geben.

37

Quer durch den Garten-Suppe

125 g Dörrfleisch	in Würfel schneiden.
1 Zwiebel	schälen, würfeln.
50 g Schweineschmalz	in einem Topf erhitzen und das Dörrfleisch und die Zwiebeln darin anschwitzen.
1,5 l Fleischbrühe	aufgießen und kochen lassen.
1 Kohlrabi	
4 Karotten	
4 Kartoffeln	jeweils waschen, schälen und würfeln.
1 Stange Lauch	längs halbieren, waschen und in 1 cm breite Streifen schneiden.
½ Blumenkohl	waschen, putzen und in kleine Röschen teilen.
250 g grüne Bohnen	waschen, putzen, in Stücke schneiden. Alles in den Topf geben und etwa 30 bis 40 Minuten kochen lassen. Mit
Salz, Pfeffer (schwarz)	abschmecken.
1 Bund Schnittlauch oder Petersilie	waschen, fein hacken. Vor dem Servieren über den Eintopf geben.

38

> *Die Gemüse lassen sich je nach Reifegrad des Gemüses auch austauschen.*

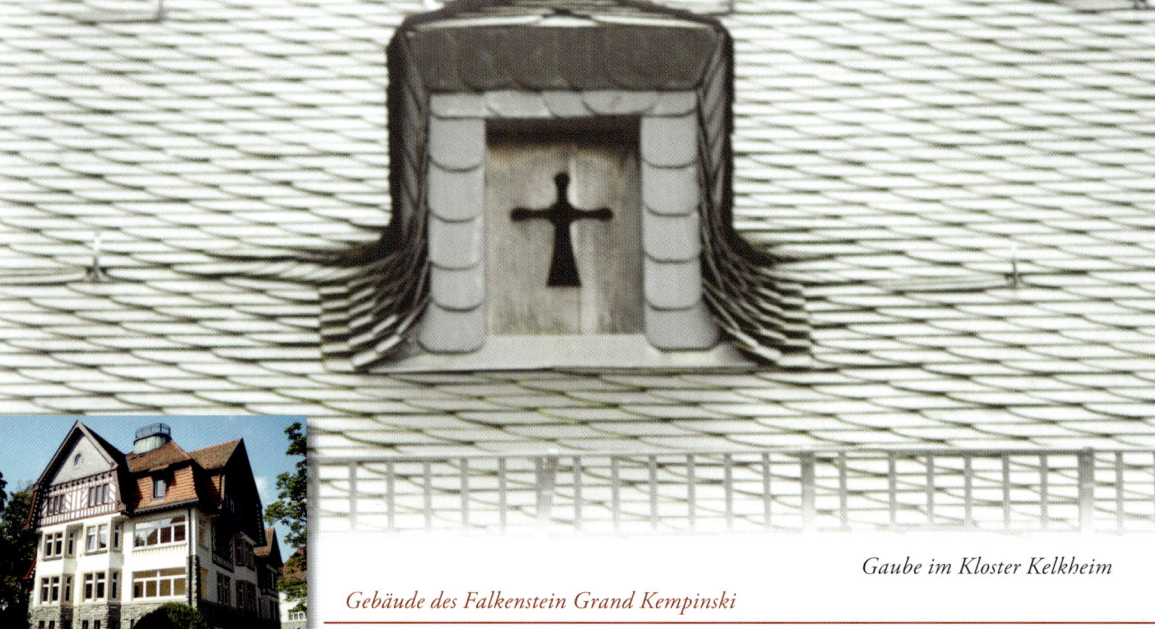

Gaube im Kloster Kelkheim

Gebäude des Falkenstein Grand Kempinski

Sauerkrautsuppe

3 mittelgroße Kartoffeln	waschen, schälen und reiben.
60 g Butter	im Topf erhitzen und die geriebenen Kartoffeln darin dünsten.
1 l Fleischbrühe	dazugeben, die Kartoffeln fast gar kochen.
250 g Sauerkraut	zugeben, 15 bis 20 Minuten kochen lassen. Mit
Salz, Pfeffer	abschmecken und mit
Kümmel	würzen. Die Suppe vom Herd nehmen und langsam
100 g Schmand	hinzugeben. Mit einem Schneebesen glatt rühren. Nach Belieben
Speckwürfel	anbraten und kross auf die Suppe geben.

39

Dorotheenstraße Bad Homburg

Haus in Falkenstein

Sulzbacherisch

Von Fritz Fuchs

»... unn stelle Se sich emol vor, da schwätzt die doch mit der Betreuerin Hochdeutsch, obwohl se von Sulzbach iss.« So sprach am Ostermontag eine Frau zu mir. Zu mir, der ich bei wunderschönem Wetter im Garten vom »Goldenen Löwen« in Münster saß. Es mag so gegen elf Uhr gewesen sein. Vom Feiertagstrubel konnte man noch nichts spüren.

Drinnen in der Gaststube war man mit dem Herrichten der Tische beschäftigt und kein bedienungswilliges Auge fiel durch die Scheiben auf mich. Zwei Männer saßen bei ihrem dunklen Bier in meiner Nähe. Sie schienen gastronomisch gesehen versorgt zu sein. Ich war dann hineingegangen in den Schankraum, hatte dort Kontakt mit einer der Bedienerinnen aufgenommen und ein großes Glas Äppelwein bestellt. Ich wollte es gleich mit hinausnehmen, nachdem ich es am Tresen bezahlt hatte, aber das schien meiner Gesprächspartnerin wider die Berufsehre zu gehen, denn sie ließ sich nicht von ihrem Vorhaben abbringen, mir das Glas hinterherzutragen, obwohl ich ihr den Entzug eines jeglichen Trinkgeldes angedroht hatte, weil ich mein Glas hätte wirklich selbst transportieren können. Sie kapitulierte nicht. Natürlich habe ich ihr ein paar Cents gegeben. Es war ja Ostern.

Diese Geste war wohl auch der Anknüpfungspunkt für einen Gedankenaustausch mit ihr am Tisch über die gesellschaftlichen Strukturen im Allgemeinen und auch im Besonderen. Von ihrer Mutter sprach sie, die mit ihren 96 Jahren nun pflegebedürftig geworden sei. Ich erfuhr einiges über Kosten der Betreuung und deren Finanzierung durch die wackere Frau und ihre Brüder. In diesem Zusammenhang fiel die obige Bemerkung.

Mich hat weniger der Inhalt als vielmehr die Wortwahl der Aussage nachdenklich gestimmt: »... obwohl sie von Sulzbach ist.« Das klingt irgendwie drohend, dieses »obwohl«! Das Wort setzt voraus, dass irgendetwas Unerwartetes geschehen ist oder geschieht. Etwas, das von der Regel abweicht. Der Halbsatz erzeugt Besinnlichkeit beim Zuhörer. War das schlimm, was da dieser oder jener getan hat? »Der Kerl ist mit dem Auto seines Vaters abgehauen, obwohl er noch keinen Führerschein hat«, zum Beispiel. Ja, das passt. Aber dieses hier: »... obwohl sie von Sulzbach ist?« Dürfen die Sulzbacher vielleicht von Amts wegen gar kein Hochdeutsch sprechen? Nur Sulz-

bacher Mundart und natürlich Englisch, ohne das man im Main-Taunus Zentrum, das ja auch zu Sulzbach gehört, nicht richtig einkaufen kann. Ich muss nachsehen, ob solche sprachbezogenen Vorschriften etwa auch auf Soden übertragen werden könnten. Immerhin haben die Sulzbacher in früheren Jahrhunderten auch über Soden das Sagen gehabt. Sie hatten das Obergericht und auch den Oberschultheiß und außerdem überließen sie uns vor vielen Jahren einen richtigen ausgewachsenen Bürgermeister.

Wer weiß, wer weiß, ob wir da nicht noch abhängig sind! Ich war mir nicht sicher, ob ich der Serviererin im Gespräch meinen Heimatort genannt hatte. Bestimmt aber war es richtig, mit ihr, die aus Unterliederbach stammt, in unserer hiesigen Umgangssprache geredet zu haben. Es wäre mir unangenehm gewesen, wenn sie vielleicht ihrer Chefin »von dem ›Grauhaarische‹ da draußen« berichtet hätte, der »alsfort versucht hat Hochdeutsch zu schwätze, obwohl er von Sode iss.«

Sulzbach, Platz an der Linde

41

Bandnudeln mit frischen Steinpilzen

500 g Bandnudeln	in Salzwasser abkochen und mit kaltem Wasser abschrecken.
400 g frische Steinpilze	putzen.
50 g Butter	in einer Pfanne erhitzen.
50 g Dörrfleisch	würfeln und in die Pfanne geben, anschwitzen.
1 kleine Zwiebel	fein würfeln und zum Dörrfleisch in die Pfanne geben, dann die Steinpilze dazugeben. Wenn sie gar sind, die Bandnudeln untermischen und alles durchschwenken.

Geeignet als kleine Mahlzeit, dazu einen frischen Salat.

42

Mit Pferden beim Eggen

Viadukt in Eppstein

»Bauernfraß«

1 kg Weißkraut	den Strunk entfernen, in feine Streifen schneiden oder hobeln und in einem Topf in
Salzwasser	kurz blanchieren.
2 Brötchen (vom Vortag)	in
250 ml Milch	einweichen.
2 mittelgroße Zwiebeln	und
50 g Bauchspeck (gepökelt)	fein würfeln und in einer Pfanne anbraten.
250 g Hackfleisch (gemischt)	dazugeben. Die Brötchen ausdrücken, ebenfalls dazugeben. Alles gut vermischen und mit
Salz, Pfeffer	würzen. Eine Auflaufform fetten und etwas Kraut darin verteilen. Das restliche Kraut mit dem Hackfleisch vermischen und in die Form füllen.
40 g Butter (flüssig)	darüber träufeln und bei 180 °C etwa 90 Minuten in den Backofen geben.

43

Als Beilage eignen sich frische Pellkartoffeln oder Bratkartoffeln.

Beim Heuwenden

Der alte Ortskern von Eppstein

Durcheinander

1 Wirsing	putzen, waschen, den Strunk entfernen und in
Salzwasser	blanchieren, dann klein schneiden.
2 Kohlrabi	und
250 g Kartoffeln	waschen, putzen, in kleine Scheiben schneiden und in Salzwasser kochen. Kurz vor Kochende den geschnittenen Wirsing dazugeben. Alles abgießen und das Wasser auffangen.
50 g Butter	in einem Topf erhitzen.
1 Zwiebel	schälen und fein gewürfelt dazugeben bis sie leicht gebräunt ist. Mit
2 EL Mehl	abstäuben und anschwitzen lassen. Dann mit einem Teil der Gemüsebrühe ablöschen und mit
Salz, Muskat (gerieben)	abschmecken.

Ein schnell hergestelltes vegetarisches Gericht. Auch als Beilage verwendbar.

44

Blick von der Villa Rothschild nach Kronberg

Sonnenblume

Erbsebrei oder Erbsenpüree

500 g grüne Erbsen	schon am Vortag in kaltem Wasser einweichen. Am nächsten Tag abgießen.
250 g Suppengrün	waschen und in einem Topf mit den Erbsen neu ansetzen.
Salz	nach Geschmack dazugeben. Mit etwas
Liebstöckel	rund 90 Minuten kochen lassen. Dann durch ein Sieb passieren.
125 g Speck	in Würfel schneiden und in einer Pfanne anbraten.
1 Zwiebel	schälen, würfeln, mit in die Pfanne geben und glasig braten. Das Fett abgießen. Die passierten Erbsen mit Speck und Zwiebeln mischen. Nach Bedarf noch einmal abschmecken.

Der Erbsebrei schmeckt besonders zu Geselchtem (geräuchertes und gesalzenes Fleisch), Kassler oder auch zu herzhafter, warmer Wurst.

45

Pause bei der Feldarbeit um 1950

Ein Kuhgespann mit Bauer im Jahr 1951

Gemüseeintopf

1 kg Gemüse (z.B. Erbsen, Wirsing, Sellerie, Karotten, Kohlrabi, grüne Bohnen, Lauch)	waschen, schälen in gleiche Stücke oder Streifen schneiden.
4 EL Öl	in einem Topf erhitzen.
60 g Speck	würfeln und im Öl anrösten.
1 Zwiebel	schälen, würfeln und zum Speck geben. Mit anschwitzen.
2 l Brühe	dazugeben, kochen lassen, bis das Gemüse gar ist. Mit
Salz, Pfeffer	würzen.
Muskatnuss	darüber reiben. Nach Bedarf
Suppennudeln (Sternchen, Muscheln oder andere Sorten)	separat kochen und vor dem Essen in die Suppe geben.

Man kann auch gepökeltes Fleisch oder Würstchen in die Suppe geben. Die Zutaten ändern sich je nach Reife des Gemüses.

Gedämpftes Gemüse

Limesweg

Hausgemachte Spätzle

250 g Mehl	in eine Schüssel sieben.
2 Eier	verquirlen, zugeben. Dann
je 1 kräftige Prise Salz, Muskat	überstreuen und alles mit etwa
125 ml Wasser	glatt rühren. Den Teig mit der Hand oder einem Holzlöffel aufschlagen, bis sich im Teig Blasen bilden. Nun
Salzwasser	in einem Topf zum Kochen bringen. Den Spätzleteig mit einer Palette über ein Spätzlebrett in das Wasser schaben. Dabei auf gleichmäßige Größe achten. Die Spätzle kurz aufkochen lassen, in kaltem Wasser abschrecken und abkühlen lassen. Bis zum Servieren kalt stellen. Vor dem Servieren mit etwas
Butter	in einer Pfanne anschwenken.

Man kann auch eine Spätzle-Presse verwenden. Den Teig dann unter gleichmäßigem Druck in das kochende Wasser pressen.

47

Horch als Hochzeitskutsche

Brunnen am Kirchplatz Kelkheim-Münster

Kräuterklößchen (Suppeneinlage)

1 – 2 EL Petersilie, Schnittlauch und Kerbel	fein hacken.
40 g Butter	schaumig rühren, mit den Kräutern vermischen.
50 g Semmelbrösel (Paniermehl)	dazugeben und zu einem Teig verarbeiten.
1 Ei	einarbeiten. Den Teig eine halbe Stunde ruhen lassen, dann Klößchen formen. In siedender
Fleischbrühe	4 bis 5 Minuten ziehen lassen.

Die Klößchen werden – ähnlich den Markklößchen – als Suppeneinlage verwendet.

48

Das Luxemburger Schloss in Königstein (Vorderansicht)

Kempinski Wirtschaftsgebäude in Königstein Falkenstein

Nudelomelett

500 g Nudeln	in Salzwasser gar kochen und abkühlen lassen.
30 g Fett oder Öl	in einer großen Pfanne erhitzen. Sollte keine große Pfanne vorhanden sein, kann man das Rezept in vier kleinen Portionen nacheinander zubereiten. Die Nudeln in der Pfanne leicht braten.
120 g Kochschinken	in kleine Streifen schneiden und mit in die Pfanne geben.
1 – 2 kleine Zwiebeln	in Streifen schneiden, ebenfalls in die Pfanne geben. Alles gleichmäßig braten.
12 Eier	verquirlen.
300 ml Milch	mit den Eiern verrühren. Mit
Salz, Pfeffer	und
Muskatnuss	nach Geschmack würzen. Die Eier über die Nudeln in der Pfanne gießen. Mehrmals den Inhalt der Pfanne schwenken oder mit einer Palette drehen, bis die Eier anstocken. Nochmals mit
Pfeffer	abschmecken und auf Teller verteilen.
1 Bund Schnittlauch (klein)	in feine Röllchen schneiden und darüber streuen.

49

Als Beilage eignet sich ein gemischter Salat.
Wenn der Schinken durch blanchiertes Gemüse ersetzt wird
(zum Beispiel Karotten, Broccoli oder Spargel) ist auf diese Weise
schnell ein vegetarisches Gericht hergestellt.

Idyllische Straße in der
Königsteiner Altstadt

Burg Königstein

Esskastanien

500 g Esskastanien selbst sammeln oder kaufen. Mit einem spitzen Messer die Schale einritzen. Auf ein Backblech legen. Den Backofen auf 180 °C vorheizen. Die Kastanien etwa 30 Minuten backen. Danach schälen. Die Kastanien können jetzt gegessen werden.

> *Man kann sie auch erkaltet zu anderen Gerichten verarbeiten.*
> *Sie sind als Füllung zu Fleischgerichten und Gänsebraten sehr beliebt und finden auch bei Gebäck und Nachtisch interessante Verwendung (Rezept siehe 153).*

Russisch-Orthodoxe Kirche Bad Homburg

Kastanien und Kronberg

Die Esskastanie wie auch die Weinreben wurden durch die Römer im Vordertaunus kultiviert.

Der Kastanienbaum mit seinem widerstandsfähigen, harten Holz war ursprünglich am schwarzen Meer beheimatet. Er diente bei den Römern als bevorzugtes Holz für Fässer und stabiles Bauholz. Die Früchte fanden in der Küche Verwendung. Das geschützte Klima und die kalkfreien Böden um Kronberg waren für den Baum eine gute Unterlage.

Ein Bild in der Kronberger Burg aus dem Jahre 1389 zeigt eine Schlacht zwischen Frankfurtern und Kronbergern. Auf diesem Bild ist zu sehen, wie die Frankfurter mit ihren Äxten die Rinde von den Kastanienstämmen schälten, um so die Bäume zu zerstören. Die Kronberger gewannen und die Kastanien erholten sich wieder.

Hildegard von Bingen hat verschiedene Kastanienrezepte hinterlassen. Die Kastanien galten auch als das Brot der Armen. Der Obstanbau und die Kastanie waren in Kronberg wichtige Einnahmen für die Stadt bis Ende des 19. Jahrhunderts. Im 18. Jahrhundert holte Pfarrer Johann Ludwig Christ Edelreiser aus Frankreich und lehrte die Bauern ihre Kastanien zu veredeln. Die Bäume trugen mehr Früchte und die Früchte wurden größer.

Ein großer Freund Kronberger Kastanien war auch Johann Wolfgang von Goethe, der Gedichte über diese schöne Frucht schrieb. In Kronberg gibt es heute noch etwa 50 Hektar Kastanien. Dort findet im Burghof das Kastanienfest mit vielen Leckereien rund um die Kastanie statt.

51

Blick von Kronberg Richtung Frankfurt

Pfifferlinge mit Feldsalat

Die Pfifferlinge

500 g Pfifferlinge	putzen, waschen und auf Küchenkrepp trocknen.
1 Zwiebel	schälen und fein würfeln.
50 g Dörrfleisch	würfeln.
1 EL Butter	in einer Pfanne erhitzen. Zwiebeln und Dörrfleisch darin anbraten. Die Pfifferlinge dazugeben. Mit
Salz, Pfeffer	würzen. Mit
3 EL Weißwein	ablöschen und gar ziehen lassen.
1 Bund Petersilie (klein)	fein hacken und darüber streuen.

Der Feldsalat

250 g Feldsalat	putzen, waschen und gut abtropfen lassen.
1 kleine Zwiebel	schälen, fein würfeln, in eine Schüssel geben und mit
3 EL Walnussöl	sowie
3 EL Balsamico-Essig (dunkel)	verrühren. Mit
Salz, Pfeffer (aus der Mühle)	würzen. Dann den Feldsalat zugeben und mit der Salatsoße vermischen.

Im Opelzoo

Kaiser-Friedrich-Promenade, Bad Homburg

Quarkpannekuche

250 g Quark	durch ein Sieb in eine Schüssel streichen.
2 Eigelb	
1 TL Salz	und
20 g Zucker	zugeben. Alle Zutaten verrühren.
250 g Mehl	durchsieben und mit
500 ml Milch	abwechselnd hinzugeben.
2 Eiweiß	steif schlagen und danach unterheben.
60 – 80 g Fett	erhitzen, den Teig darin zu Pfannenkuchen ausbacken.

Als Beilage oder Füllung eignen sich feines
Ragout, Pilze, Spargel oder gemischtes Gemüse.

53

Blumengesteck

Zauberberg in Kelkheim Ruppertshain

Rosenkohl mit Speck

750 g Rosenkohl	waschen, putzen und den Strunk über kreuz einschneiden. Den Rosenkohl in kochendem
Salzwasser	etwa 10 bis 15 Minuten blanchieren. Dann abgießen und abkühlen lassen.
1 Zwiebel	schälen und in feine Würfel schneiden.
50 g Fett	in einer Pfanne erhitzen, die Zwiebeln darin hell anschwitzen.
50 g Dörrfleisch (gewürfelt)	dazugeben und mitschwitzen, dann den Rosenkohl mit in die Pfanne geben.
20 g Butter	zugeben und alles durchschwenken. Nach Bedarf mit
Salz	abschmecken.
Pfeffer (aus der Mühle)	und
Muskat	darüber reiben.

Eine schöne Beilage zu herzhaften Braten oder Entenbrust.

Eppsteiner Haus mit Brunnen

Winter am Großen Feldberg

Rühreier mit frischen Kräutern

1 Bund Petersilie (klein)	
1 Zweig Dill	sowie
Kerbel	
Schnittlauch	und
Kresse	gut waschen und auf Küchenkrepp abtrocknen lassen. Dann hacken bzw. fein schneiden.
40 g Butter	in der Pfanne erhitzen.
8 Eier	mit
50 ml Milch	und
50 ml süße Sahne	verrühren. Mit
Salz, Pfeffer	nach Geschmack würzen. Dann alles langsam unter Rühren in der Pfanne anstocken lassen. Auf einer Platte oder einem Teller servieren und mit ein paar Kräutern dekorieren.

55

Die Menge der Kräuter variiert immer nach dem Reifegrad und der Menge der einzelnen Kräuter. Dill sollte etwas weniger eingesetzt werden, da sein Geschmack sehr dominant ist.

Winterspaß

Taunus Informationszentrum

Der Opelzoo in Kronberg

Das Tröten der Elefanten ist schon von Weitem deutlich vernehmbar. Geräusche wie aus der afrikanischen Savanne, nur 20 Kilometer von Frankfurts Innenstadt entfernt.

Der Opelzoo – 1956 von Georg von Opel gegründet – diente als Forschungsgehege am Hang zwischen Kronberg und Königstein. Mit seinen 200 verschiedenen Tierarten ist der 27 Hektar große Zoo eine der meist besuchten Freizeiteinrichtungen Hessens. Im Jahr 2007 wurde er zur Stiftung ernannt.

Seit Eröffnung des Geländes erfahren Generationen von Kindern, egal ob beim Familien- oder Schulausflug, mit leuchtenden Augen mehr über die Tiere, die man zuhause nicht unbedingt auf den Schoß nehmen kann.

Neben der Fauna wird auch die Flora gehegt und gepflegt. Auf dem hübsch angelegten Apfellehrpfad sind beispielsweise verschiedenste Apfelsorten erklärt. Einer der beliebtesten Plätze der kleinen Besucher ist – neben dem großen Spielgelände – natürlich auch der Streichelzoo. Hier ist es möglich, die Tiere nicht nur von Weitem anzusehen, sondern auch anzufassen.

56

Opelzoo Lodge Vorplatz

Opelzoo Zebragehege

Das Klima ist im Opelzoo durch seine Südhanglage meist angenehm. Viele »Nacht-tierhäuser« bieten den Tieren Schutz vor Wärme und Sonne.

Die Mitarbeiter des Zoos sind vielen schon durch die Fernsehdokumentation »Gi-raffe, Erdmännchen und Co.« im Ersten bekannt. Selbstverständlich geben sie bei Fragen gerne Auskunft.

Das ganze Jahr über werden verschiedene Aktionen angeboten: beispielsweise mit der Taschenlampe nachtaktive Tiere beobachten oder ganze Programme für Schul-klassen. Die Pressestelle des Zoos hilft gerne bei der Planung von Aktionen weiter.

Neben zahlreichen Picknickplätzen bietet das Restaurant »Lodge« oberhalb des Zoo-geländes bei schönem Blick in die Gehege zahlreiche Speise-Möglichkeiten von Kaffee & Kuchen bis zum romantischen Dinner.

Mit seiner Vielfalt an Möglichkeiten für Kinder und Erwachsene hält der Opel-Zoo ausreichend Attraktionen bereit – etwa für einen Familienausflug oder Savannenflair zum Abschalten von der Großstadt.

57

Kleintiergehege

Opelzoo

Schwarzwurzeln

750 g Schwarzwurzeln	unter fließendem Wasser gründlich bürsten und die Schale abschaben. Die Wurzeln dann in
1 l Wasser	legen.
1 – 2 EL Essig	dazugeben, damit sie ihre weiße Farbe behalten. Nun
1 l Wasser	mit
1 TL Salz	zum Kochen bringen. Die Schwarzwurzeln in Stücke schneiden und darin gar kochen. Mit einer Schöpfkelle herausnehmen. Vom Fond etwa 750 ml abmessen.
40 g Butter	in einem anderen Topf zerlassen.
40 g Mehl	dazugeben und eine Mehlschwitze herstellen. Wenn sich das Mehl vom Topfboden löst (das Mehl soll nicht dunkel werden) mit
125 ml Milch	kalt aufgießen und nach und nach den Gemüsefond zugeben. Mit einem Schneebesen glatt rühren. Die Schwarzwurzeln in die Soße geben. Mit
Salz	und
Macis (Muskatblüte)	abschmecken.

58

Klosterturm Kelkheim

Burgmauer Königstein

Semmelknödel

8 Brötchen (vom Vortag)	in Scheiben schneiden.
250 ml Milch	erhitzen und darüber gießen.
50 g Butter	erhitzen.
2 kleine Zwiebeln	schälen, würfeln, in der Butter hell anschwitzen.
50 g Dörrfleisch	in Würfel schneiden, zu den Zwiebeln geben und mit anbraten.
1 Bund Petersilie (klein)	fein würfeln. Alles vermischen.
4 Eier	verquirlen und unter die Masse kneten. Dann mit
Salz, Muskat (aus der Reibe)	würzen. Die Masse zu Klößen formen und in kochendes Wasser geben. Etwa 20 Minuten ziehen lassen.

Semmelknödel sind eine köstliche Beilage zu herzhaften Braten und Fleischgerichten. Sie passen auch zu Gänsebraten oder als kleine Zwischenmahlzeit mit Pilzen.

59

Kronberg in Richtung Frankfurt – für Maler der perfekte Blick

Königin Victoria Denkmal im Weinberg Hochheim

Spinatgemüse

1 kg Spinat (frisch)	putzen, waschen und verlesen.
1 EL Fett	in einem Topf erhitzen.
1 – 2 kleine Zwiebeln	putzen, schälen, fein hacken und im Fett goldbraun anschwitzen. Den Spinat dazugeben und kurz anschwitzen. Mit
Salz	
Muskat (aus der Reibe)	und
Pfeffer (aus der Mühle)	würzen.
1 Knoblauchzehe	schälen und fein gehackt mit durchschwitzen.
20 g Butter	zum Abschmecken dazugeben.

Spinatgemüse passt hervorragend zu Fischfilets oder Eiergerichten.

60

Am Bachrain

Dorotheenstraße Bad Homburg

Steckrübenklößchen

500 g Steckrüben	waschen, putzen und schälen. In
Salzwasser	gar kochen, dann stampfen.
60 g Haferflocken	in etwas
Fett	hellbraun anrösten, unter das Rübenpüree mischen.
1 Ei	dazugeben. Mit
Salz, Muskat	abschmecken. Aus der Masse Klöße formen und in
Salzwasser	gar ziehen lassen.

Als vegetarische Beilage zu Gemüse (Spinat oder Mangold).

Sektkeller

Burg Kronberg Turm »eingepackt«

Weißkraut mit Flöh »Fußlappegemies«

1 mittelgroßer Weißkrautkopf	Blätter in handtellergroße Lappen zupfen, waschen, feste Rippen entfernen. In heißem
Salzwasser	kurz blanchieren, abtropfen lassen.
4 Kartoffeln	und
1 Zwiebel	würfeln.
40 g Schmalz	in einem Topf erhitzen, Kartoffeln und Zwiebeln anschwitzen.
1 EL Kümmel	mit anschwitzen, Weißkraut darauf legen, mitschwitzen lassen und dann wenden. Mit
250 ml Apfelwein	ablöschen. Etwas
Fleischbrühe	angießen, mit geschlossenem Deckel bei nicht zu viel Hitze schmoren. Kurz vor Ende der Garzeit den Deckel entfernen und die Flüssigkeit einreduzieren lassen. Mit
Salz, Pfeffer	würzen.

62

Das Gemüse eignet sich zu gepökeltem Fleisch oder Bratwurst.
Als »Fußlappe« bezeichnete man die handtellergroßen Weißkrautblätter,
die Flöhe sind eine spöttische Bezeichnung für den Kümmel.

Kerbeborsch in der Langestraße

Nachruf auf die Birken
auf dem früheren Hornauer Kerweplatz

Die Birken sind nicht mehr
und ich vermisse sie sehr.

Auf der Bank unter ihrem Schatten
viele ihren Treffpunkt hatten.
Rentner sprachen über längst Vergangenes,
Junge über nicht Angefangenes,
Thema eins der Männerrunde
war Fußball immer und zu jeder Stunde.

Die Birken dachten sich ihren Teil,
mischten sich jedoch nicht ein.
Sie waren immer sehr diskret
und wussten, wie's im Leben geht.
Aber einmal im Jahr, an Fronleichnam,
da legten sie die schönsten Kleider an,
dem Lieben Gott die Ehr' zu erweisen
und ihn und seine Schöpfung zu preisen.

Die Birken gibt es längst nicht mehr
und mir scheint der Platz so leer.
Ich hab' darüber nachgedacht,
was man aus ihrem Holz gemacht.
Zum Heizen war es viel zu schade,
für einen Bumerang zu gerade.
Ich hoffe, dass sie hatten Glück
und aus ihnen wurd' manch schönes Stück:
etwa ein gutgeschnittner Schrank,
oder eine Gartenbank,
oder kuschelige Liegen,
und möglichst viele Kinderwiegen.

Die Birken sind nicht mehr
und ich vermisse sie so sehr.

Von Reinhold Reuss

63

Zwiwwelkuche

Die Vorbereitung

4 Zwiebeln	schälen, in Streifen schneiden.
50 g Dörrfleisch	würfeln und mit etwas
Fett	in einer Pfanne anschwitzen. Die Zwiebeln zugeben und weiterschwitzen, bis sie goldgelb sind. Abkühlen lassen.

Der Teig

500 g Mehl	durchsieben. Mit
1 gestr. TL Salz	mischen.
40 g Hefe	
250 ml Milch	und
40 g Zucker	sowie
100 g Butter	einen Teig zubereiten. Diesen dann abgedeckt (nicht zu kalt) ruhen lassen. Danach nochmals kneten und auf einem Backblech ausrollen. Das Backblech vorher fetten oder Backpapier verwenden.

64

Die Zusammenstellung

2 Eier	mit
250 ml süße Sahne	verrühren und mit den Zwiebeln vermischen. Die fertige Masse mit
Salz, Kümmel (gemahlen)	abschmecken und auf dem Teig verteilen. Bei etwa 200 °C im Backofen 30 bis 40 Minuten backen.

Feldarbeit

Verlorene Eier mit Kräutersoße

Die Kräutersoße

30 g Butter	in einem Topf schmelzen.
30 g Mehl	dazugeben und hell anschwitzen, bis sich alles vom Topfboden gelöst hat.
250 ml Fleischbrühe (kalt)	in die heiße Mehlschwitze einrühren.
250 ml Milch	dazugeben und etwa 10 Minuten langsam kochen lassen. Mit
Pfeffer, Muskat	würzen.
Je 1 Bund Petersilie, Schnittlauch (klein)	
1 Zweig Dill	sowie
Kresse	nach Geschmack. Die Kräuter gut waschen und auf Küchenkrepp abtrocknen lassen, dann fein hacken und beiseite stellen.

Die verlorenen Eier

	Einen Topf mit Wasser aufsetzen und zum Kochen bringen.
50 ml Essig	und reichlich
Salz	dazugeben.
8 Eier	einzeln in eine Schöpfkelle aufschlagen und dann vorsichtig in das kochende Wasser geben. Nach 5 Minuten mit einer Schöpfkelle wieder herausnehmen und in die vorgewärmten Teller oder Schüssel legen.

65

Die Zusammenstellung

Die Kräuter in die Soße geben, kurz erhitzen und über die verlorenen Eier schöpfen.

Als Beilage schmecken neue Kartoffeln dazu sehr gut.

Goldene Zaunspitzen

Gefüllter Schweinerücken

2 kg Schweinerücken	Häute und Sehnen entfernen. Den Rücken mit
Salz	und
Pfeffer (aus der Mühle)	würzen. Mit einem schmalen, langen Messer einen schmalen Schnitt der Länge nach in der Mitte des Rückens machen. In diesen Schnitt abwechselnd
100 g Dörrpflaumen	und die Kerne von
10 Walnüsse	einschieben. Dann den Rücken mit etwas Öl besprühen. Bei etwa 150 bis 160 °C in den Backofen geben. Die Garzeit beträgt rund 50 Minuten. Zum Servieren in dünne Scheiben schneiden.

Als Beilage eignen sich Kartoffeln, gekocht oder gebraten.

66

Villa Andreae Königstein

Frankfurter Filetbraten im Krautmantel auf Apfelsoße

Von Edwin Völker, Gimbacher Hof, Kelkheim

Die Vorbereitung

800 g Schweinefilet (sauber pariert)	mit
Salz, Pfeffer	würzen. Dann rundum in heißem
Fett	kurz anbraten, so dass es innen noch roh bleibt. Nun mit einem langen und schlanken Messer das Filet vom Kopf bis zum Ende einkerben und
1 Frankfurter Würstchen	einstecken.

Der Krautmantel

1 kleine Zwiebel	und
1 Apfel	würfeln. Beides mit
250 g Sauerkraut	weich kochen. Anschließend mit
125 ml süße Sahne	verfeinern und mit
2 EL Speisestärke	abbinden. Auf ein Schweinenetz die Sauerkrautmasse aufstreichen, das vorbereitete Filet auflegen und einwickeln. Dann etwa 35 Minuten bei 160 °C im Backofen braten. Während des Bratens das Bratgut öfters mit
50 g Butter (zerlassen)	begießen.

67

Die Apfelsoße

Mit Karotten-Kartoffelstampf servieren.

1 kleine Zwiebel	und
2 Äpfel	würfeln. Beides anbraten, dann
250 ml Apfelsaft	angießen und ablöschen. Bratensaft vom Schweinefilet hinzugeben. Mit
Stärkemehl	abbinden. Die Soße mit
Salz, Pfeffer	würzen und mit
Calvados	abschmecken.

Gegrilltes Filet – rosa gebraten

Schweinesauerbraten mit Apfelwein

Die Beize

½ l Apfelwein

250 ml Essig

250 ml Wasser   sowie

10 Pfefferkörner

3 Lorbeerblätter   und

½ TL Senfsaat   miteinander vermischen.

> *Die Soßenbindung kann auch anstatt mit Mehl und Speisestärke, mit getrocknetem Brot oder Lebkuchen (gerieben) erfolgen. Als Beilage eignen sich Klöße und ein schönes Rotkraut.*

Die Zubereitung

1 Schweinenacken
(etwa 2,5 kg)   in die Beize einlegen und 1 Woche kühl stellen. Danach das Bratenstück aus der Beize nehmen und abtupfen.

50 g Fett   im Bratentopf erhitzen und das Fleisch von allen Seiten anbraten.

1 Bund Suppengrün   waschen, in kleine Stücke schneiden, in den Topf geben und mit anrösten. Den Braten kurz aus dem Topf nehmen und das Gemüse mit

68

Bahnhof in Kronberg

Limes Grenzstein

1 EL Tomatenmark	vermischen. Kurz mitschmoren, dann etwas von der Beize angießen. Diesen Vorgang zwei- bis dreimal wiederholen, bis der Ansatz eine schöne Bräune hat. Den Braten wieder einlegen und mit Beize ganz auffüllen. Bei 160 °C in den vorgeheizten Backofen geben und 2 Stunden schmoren. Wenn das Bratenstück weich ist, herausnehmen und den Braten im abgeschalteten Ofen ruhen lassen. Den Fond währenddessen mit
Salz, Pfeffer	abschmecken.
1 Knoblauchzehe	sowie
je 1 kleiner Zweig Thymian und Rosmarin	nach Geschmack zugeben. Etwa 10 Minuten kochen.
2 EL Mehl	und
1 EL Speisestärke	in einer kleinen Schüssel vermischen.
100 ml Apfelwein	einrühren. Dann die Mischung langsam mit einem Schneebesen in den kochenden Fond einrühren, bis die Soße sämig wird. Anschließend die Soße durch ein Sieb passieren. Den Braten in Scheiben auf einen Teller oder eine Platte geben. Die Soße in einer Sauciere servieren.

69

Picknick unter Apfelbäumen

Alter Stadtkern Eschborn

Krustenbraten

2 kg Schweineschulter mit Schwarte	Die Schwarte in Rauten einschneiden. Die Schulter mit
Salz, Pfeffer	bestreuen. Das Bratenstück auf dem Rost etwa 2 Stunden bei 160 °C braten.
1 EL Honig	mit
100 ml Bier	verrühren und mit einem Pinsel die Schwarte drei- bis viermal bestreichen. Kurz bevor der Braten gar ist, die Temperatur für kurze Zeit (etwa 10 bis 15 Minuten) auf 280 °C erhöhen. Wenn die Schwarte aufbricht, ist der Braten fertig.

Dieser Braten eignet sich sehr gut für Garten-Parties.
Als Beilagen passen Folienkartoffeln oder Kartoffelsalat.

Sonnenuntergang hinter Bäumen

Durchfahrt Altes Rathaus Oberursel

Rahmgeschnetzeltes

600 g Schweinenacken	in feine Streifen schneiden.
3 – 4 kleine Zwiebeln	schälen, in feine Würfel schneiden.
250 g frische Champignons	waschen, putzen und in Scheiben schneiden.
50 g Fett	in eine etwas größere Pfanne oder Topf geben und erhitzen. Das Fleisch rundum anbraten. Dann die Zwiebeln dazugeben und mit schmoren. Die Champignons ebenfalls zugeben. Mit
200 ml Weißwein	ablöschen. Wenn die Flüssigkeit zu sehr einreduziert, mit etwas Wasser nachgießen. Etwa 15 bis 20 Minuten – je nach Schnittgröße des Fleisches – mit geschlossenem Deckel schmoren und ab und zu umrühren. Dann mit
30 g Mehl	abstäuben und
125 ml süße Sahne	aufgießen. Mit
Salz, Pfeffer (aus der Mühle)	und
Paprika	würzen.
1 TL Senf	rundet den Geschmack ab.

Als Beilagen bieten sich Nudeln, Kartoffeln oder auch Reis an.

71

Die Feuerwehr in Kelkheim Hornau

Der Schwarzbach

Rippche mit Sauerkraut

	Etwa 1,5 l Wasser in einem Topf zum Kochen bringen.
1 kg Sauerkraut (frisch)	in den Topf geben. Mit
Salz	würzen und
1 Lorbeerblatt	sowie
6 Wacholderbeeren	hinzufügen. Bei geschlossenem Deckel etwa 50 Minuten kochen.
2 Äpfel	schälen, Kerngehäuse entfernen und fein reiben. Zum Sauerkraut geben. Weitere 10 Minuten langsam kochen lassen.
4 Rippchen (à 250 g)	auf das Kraut legen und langsam weitere 10 Minuten ziehen lassen. Das Sauerkraut abschmecken und servieren.

Wenn die Rippchen bei voller Temperatur kochen, werden sie sehr schnell trocken. Als Beilage schmeckt deftiges Roggenbrot oder Püree.

72

Pfingstborn in Kelkheim Hornau

Ahnenwand im Gasthaus Zum Taunus

Kellermeister-Gulasch

Von Jeannot Eggenstedt, Gimbacher Hof, Kelkheim

1 kg Rindergulasch	mit
Salz, Pfeffer	würzen.
500 g Zwiebeln	schälen, in Streifen schneiden. Die Zwiebeln in
80 g Butterschmalz	anschwitzen. Das Rindergulasch zugeben und anbraten.
2 EL Tomatenmark	beigeben, leicht anrösten und mit etwa
1½ l Apfelwein	auffüllen. Ein Gewürzsäckchen aus
3 Lorbeerblätter	
7 – 8 Pfefferkörner	
3 Nelken	
3 Wacholderbeeren	sowie
1 TL Senfkörner	zugeben. Dann alles etwa 90 Minuten schmoren lassen.
3 kochfeste Äpfel	in Spalten schneiden, dazugeben und fertig garen. Bei Bedarf während der Kochzeit weiteren Apfelwein zugeben. Ist das Fleisch weich, mit etwas
Stärkemehl	abbinden.

73

Als Beilage empfehle ich Spätzle (Rezept Seite 47) oder Semmelknödel und als Getränk selbstverständlich Apfelwein vom Gimbacher Hof.

Der Eingang zum Römerkastell Saalburg in Bad Homburg

Gulasch

Vom Gimbacher Äbbelwoi

Von Günther Kleehaupt

Hof Gimbach mit seiner weithin bekannten Landgaststätte pflegt nachhaltig die Traditionen, ohne dabei die Augen vor der Gegenwart zu verschließen. Inmitten von bewirtschafteten Feldern und Streuobstwiesen liegt der Hof am Fuß des Staufen, dem Hausberg von Kelkheim. Hier entspringt der Gimbach, der dem Hofgut seinen Namen gab. Er hat drei Quellen und eine Länge von etwa 2,1 Kilometern. Er mündet heute in der Mühlstraße in den Liederbach.

Zur unbedingt erhaltenswerten Tradition des Hofes gehört der selbst gekelterte Apfelwein. Es werden dazu ausschließlich die Äpfel von den eigenen Streuobstwiesen verwendet. Hier wächst Jahr für Jahr – mal mehr, mal weniger – der »Rohstoff« für das »Stöffche« wie man den Apfelwein in Kennerkreisen nennt.

Wenn im Oktober die Äpfel, von der Herbstsonne schon verwöhnt, geschüttelt (geerntet) werden, beginnt auf den Streuobstwiesen ein hektisches Treiben. Die alten Apfelsorten, wie Boskop, der Trierer Weinapfel, die Schafsnase und andere mehr, wollen nach dem Schütteln schnellstmöglich aufgelesen und dann gekeltert werden. Den Saft, der dabei entsteht, nennt man »Süßen«. Aus ihm entsteht nach dem abgeschlossenen Gärprozess der Apfelwein. Sauberkeit in den Fässern und im Apfelweinkeller sind eine notwendige Selbstverständlichkeit. Mit etwa fünf Prozent Alkoholgehalt gehört der Apfelwein eher zu den alkoholschwachen Getränken. In einer Ausgabe der Apothekerzeitung wurde er lobend beschrieben und als »ohne Risiken und Nebenwirkungen« bezeichnet. Die wahren »Schoppepetzer« trinken ihn natürlich pur oder im Sommer auch gern mit Sprudel gespritzt. Im Winter am liebsten auch »heiß«.

Die Grundlage für den Äbbelwoi

Im alten Apfelweinkeller reift das Stöffche in alten Holzfässern. Transportiert wird er von dort ins »Gerippte« (so nennt man das Glas) mit dem »dickbauchigen Bembel«. Auf Hof Gimbach wurde am 1. Oktober 2010 ein seltenes Fest gefeiert. Er war an diesem Tag 100 Jahre im Besitz der Familien Pfeffer/Schiela. Bis zum Jahre 1830 befand sich hier auch eine Wallfahrtskapelle. Die langjährige, weithin bekannte Wirtin Margarethe Pfeffer schrieb darüber ein Gedicht, das mit diesem Satz endet: » ... das Kirchlein verzehrte der Zahn der Zeit, doch mit Hof und Wirtschaft kam es nie so weit, die Fässer voller Äppelwoi wollen auch heut noch getrunken sein.«
Der Kellermeister gibt sein Wissen bei »Stöffchenproben« gerne detailliert weiter und schenkt das Stöffche dabei auch reichlich aus.

75

Günther Kleehaupt im Keller von Hof Gimbach

Neue Stadtmitte Kelkheim

Schweinelendchen in Apfelrahm

800 g Schweinelendchen	von Sehnen, Fett und Häuten befreien, dann in etwa 4 cm dicke Scheiben schneiden und mit der Hand leicht anklopfen. Mit
Salz, Pfeffer	bestreuen.
50 g Fett	in der Pfanne erhitzen und die Fleischscheiben bei mittlerer Hitze von beiden Seiten anbraten. Herausnehmen und warm stellen.
2 Äpfel	schälen, das Kerngehäuse entfernen. Die Äpfel mit einer Gemüsereibe reiben. Dann in die Pfanne geben und kurz schmoren. Mit
2 cl Apfelbrand	ablöschen.
2 EL Schmand	dazugeben und kurz erhitzen. Lendchen in die Soße legen. Alles noch einmal erhitzen.

Dazu reicht man Nudeln, Kroketten oder Spätzle.

Festlich gedeckter Tisch

Lendchen mit gefüllten Birnen

Schweinerouladen

4 Scheiben Schweinefleisch (aus der Keule)	dünn klopfen.
1 EL Senf	darauf verteilen.
Salz, Peffer	darüber streuen.
4 Scheiben Dörrfleisch	auflegen.
1 Essiggurke	vierteln und auf das Fleisch legen.
1 Zwiebel	in Streifen schneiden, in
Öl	anschwitzen und auf die Fleischscheiben verteilen. Von der schmalen Seite aufrollen. Mit einer Bratennadel oder mit Bratenkordel fixieren.
50 g Fett	in einem Topf erhitzen, die Rouladen von allen Seiten anbraten. Dann mit
100 ml Rotwein	ablöschen und etwa
½ l Wasser	dazugeben. Etwa 90 Minuten schmoren lassen.
1 EL Speisestärke	mit etwas Wasser anrühren und abbinden.

77

Als Beilage eignen sich Salzkartoffeln, Nudeln oder Reis.

Hochheimer Weinberg in Richtung Main

Kronberger Altstadt

Falscher Hase

1 kg Hackfleisch (gemischt)	in eine Schüssel geben.
2 Eier	unter das Hackfleisch mischen.
1 Brötchen	in Wasser einweichen, gut ausdrücken und mit dazugeben.
1 kleine Zwiebel	schälen und fein gewürfelt dazugeben.
1 Bund Petersilie (klein)	waschen, fein hacken, ebenso in die Schüssel geben. Mit
Salz, Pfeffer	
Muskat (aus der Reibe)	würzen. Alles gut vermischen, zu einem Brotlaib formen und auf ein Backblech oder in eine Kastenform geben. Den falschen Hasen für etwa 35 Minuten bei 175 °C im Backofen braten. Um eine schöne Krustenbildung zu erreichen, am Ende der Bratzeit die Temperatur auf 200 °C erhöhen und den Hackbraten mit Wasser bepinseln.

Leckerer Partysnack: das Hackfleisch in kleine Bällchen formen, mit Feta füllen und kross ausbacken.

78

Tor zum Taunus in Liederbach

Marienkirche Bad Homburg

Haspel mit Sauerkraut

	Einen Topf mit etwa 1,5 l Salzwasser zum Kochen bringen.
2 Lorbeerblätter	und
8 Wacholderbeeren	hinzufügen.
4 gesalzene Schweinshaxen	hineinlegen und bei geschlossenem Deckel rund 30 Minuten kochen lassen.
1 kg Sauerkraut (frisch)	hinzufügen.
2 Äpfel	schälen, Kerngehäuse entfernen und fein reiben. Zum Sauerkraut geben. Weitere 60 Minuten langsam kochen lassen. Wenn die Haxen weich sind, herausnehmen, das Sauerkraut noch einmal abschmecken und servieren.

Als Beilage ist Püree zu empfehlen (Rezept Seite 122).

79

Hochheimer Hof

Falkensteiner Burg

Gepökelte Ochsenbrust mit Meerrettichsoße

1,5 kg Ochsenbrust (gepökelt)	Wasser in einem Topf aufsetzen und die Ochsenbrust ins kochende Wasser geben.
1 Bund Suppengrün	und
Salz	dazugeben. Kochzeit etwa 2 Stunden. Wenn das Fleisch gar ist, aus der Brühe nehmen.

Die Meerrettichsoße

50 g Butter	im Topf schmelzen.
2 EL Mehl	dazugeben und hell anschwitzen.
½ l Kochbrühe	auffüllen und mit dem Schneebesen glatt rühren.
200 g Weißbrot	verreiben und in die Soße geben.
1 Stange Meerrettich	waschen, putzen, fein reiben. In die Soße geben.
150 ml süße Sahne	in die Soße einrühren und glatt rühren. Mit
Salz, Pfeffer (aus der Mühle)	
Zucker	und einem Spritzer
Zitronensaft	abschmecken.

80

Winterliche Apfelplantage im Vordertaunus

Saure Nieren

500 g Schweinenieren	aufschneiden, die Gefäße entfernen, dann in Stücke schneiden. In einem Topf Wasser aufsetzen und die geschnittenen Nieren etwa 5 Minuten blanchieren.
50 g Dörrfleisch	und
1 Zwiebel	in Würfel schneiden.
Öl	in einem Topf erhitzen und die Nieren, Zwiebeln und das Dörrfleisch anbraten.
1 EL Tomatenmark	zugeben und leicht durchrösten.
100 ml Weißwein	angießen und ablöschen. Mit
Salz, Pfeffer, Zucker	abschmecken. Etwas
Senf (mittelscharf)	zugeben.
1 Essiggurke	in Streifen schneiden, zugeben. Das Gericht auf kleiner Flamme langsam schmoren lassen (etwa 15 Minuten). Bei Bedarf Wasser nachgießen.
1 EL Speisestärke	und etwas Wasser mit einem Schneebesen verrühren und die Soße damit abbinden.

81

Als Beilage eignen sich Spätzle (Rezept Seite 47),
Nudeln, Klöße oder Kartoffeln.

Kalbshaxe

1 Kalbshinterhaxe	unter kaltem Wasser waschen. Dann mit
Salz, Pfeffer	würzen. In eine gusseiserne Pfanne oder Topf mit Deckel (zum Schmoren) geben und im vorgeheizten Backofen bei 160 °C schmoren.
1 Karotte	und
¼ Sellerieknolle	waschen und würfeln.
½ Stange Lauch	der Länge nach halbieren, waschen und in dicke Scheiben schneiden. Nach rund 30 Minuten Bratzeit das Gemüse zu der Haxe geben und mitbraten. Nach weiteren 60 Minuten die Garprobe mit einer Gabel machen (das Fleisch soll sich leicht vom Knochen lösen). Haxe herausnehmen und
1 EL Tomatenmark	zum Gemüse geben. Durchschwitzen und mit
100 ml Weißwein	ablöschen. Mit etwas Wasser angießen.
2 – 3 Salbeiblätter	dazugeben. Mit einem Passierstab das Gemüse/den Fond durchpassieren und noch einmal nachschmecken.

82

Die Kalbshaxe ist ein gut verträgliches Gericht und leicht verdaulich. Beilagen wie Klöße, Kartoffeln, Nudeln und auch Reis sind dazu gut geeignet.

Büffetausgabe

Schlosspark Bad Homburg

Tafelspitz mit Meerrettichsoße

Der Tafelspitz

1 Tafelspitz vom jungen Rind	in einen Topf mit kochendem Wasser geben. Das Fleisch sollte komplett bedeckt sein.
2 EL Salz	zugeben.
1 Bund Suppengrün (Karotten, Sellerie, Lauch, Petersilie, Pastinaken)	putzen, ebenfalls zugeben und alles langsam kochen lassen. Wenn das Fleisch gar ist (lässt sich mit einer Fleischgabel leicht anstechen), aus der Brühe nehmen.

Die Meerrettichsoße

40 g Butter	in einem Topf erhitzen.
40 g Mehl	einstreuen und mit einem Holzlöffel rühren, bis das Mehl eine goldgelbe Farbe annimmt.
250 ml Fleischbrühe (kalt)	unter Rühren zugießen und etwa 10 Minuten kochen lassen.
½ Stange Meerrettich	waschen, putzen und fein reiben. Den Meerrettich sofort in
250 ml Milch	geben und danach in die Soße gießen. Soße nicht mehr kochen lassen. Mit
Salz	würzen und mit etwas
Zucker	abschmecken.

83

Als Beilage eignen sich Salzkartoffeln, frisch geriebener Meerrettich, Grüne Soße (Rezept Seite 28).

Eichhörnchen

Brunnen im Quellenpark Bad Soden

Geschnetzelte Kalbsleber

1 kg Kalbsleber	die Gefäße herausschneiden und in ½ cm dicke Streifen schneiden.
1 Zwiebel	in Streifen schneiden.
40 g Öl	in der Pfanne erhitzen und die Zwiebeln anbraten bis sie leicht braun werden. Aus der Pfanne nehmen und die Leber kurz von allen Seiten anbraten.
1 Apfel	schälen, Kerngehäuse ausstechen und in kleine Stücke schneiden. Die Apfelstückchen mit zu der Leber geben und ebenfalls kurz mitbraten. Die Zwiebel wieder dazugeben. Mit einem kräftigen Spritzer
Weißwein (Silvaner)	ablöschen. Erst jetzt mit
Salz, Pfeffer	würzen, da sonst die Leber hart wird.

Als Beilage eignen sich gekochte oder gebratene Kartoffeln.

84

Zufahrt und Portierhaus Schlosshotel Kronberg

Lammkeule

1 kg Lammkeule	waschen, abtupfen, dann mit
Salz, Pfeffer (weiß, aus der Mühle)	würzen.
1 Bund Suppengrün	waschen und grob würfeln.
80 g Schweineschmalz	in einem Bräter erhitzen und die Lammkeule rundum kräftig anbraten. Dann das gewürfelte Suppengrün zugeben und mitrösten lassen.
1 EL Tomatenmark	unterrühren. Mit
100 ml Rotwein	ablöschen.
1 Zweig Rosmarin	dazugeben. Mit
1 l Brühe	auffüllen und bei 110 °C in den vorgeheizten Backofen geben. Dann die Temperatur auf 80 °C absenken und etwa 3 Stunden garen. Für die Soße die Keule aus dem Bratenfond nehmen und den Fond abpassieren.
100 g Crème fraîche	in den Fond geben.
1 EL Mehl	mit
1 EL Butter	verkneten und in den Lammfond einrühren.

85

Als Beilagen sind Prinzessböhnchen und gebratene Kartoffeln geeignet.

Skipiste am Feldberg

Gänsebraten mit Kastanienfüllung

Die Vorbereitung

1 Gans	mit Wasser waschen, dann die Flügel am zweiten Gelenk abtrennen, die Talgdrüsen mit dem Messer am Bürzel entfernen. Restliche Federn und Kiele rupfen. Mit
Salz, Pfeffer	innen und außen würzen.

Die Kastanienfüllung

2 Äpfel	Das Kerngehäuse ausstechen. Zusammen mit
10 – 12 Kastanien (geschält)	
1 Zweig Beifuß	
2 Salbeiblätter	und
1 Zweig Petersilie	in die Gans einfüllen Die Gans auf ein Gitter legen und eine Tropfwanne darunter stellen. Bei etwa 100 °C in den Backofen geben. Nach 60 Minuten die Temperatur auf 165 °C erhöhen. Bratzeit dann etwa 2 Stunden. Zum Ende kann die Temperatur auf 180 bis 190 °C erhöht werden, um eine schöne Kruste zu bekommen. Zwischendurch kann man den Tropfsaft abgießen und später eine Bratensoße davon zubereiten. Dazu

86

Die Bratensoße

1EL Speisestärke	und
1EL Weizenmehl	vermischen, mit Wasser anrühren. Nach Bedarf in den Fond mit dem Schneebesen einrühren.

Etwa 15 Minuten vor Bratende kann man mit Holzspießchen oder Zahnstochern Apfelspalten mit gerösteten Maronen dekorativ auf die gebratene Gans stecken. Als Beilage sind Klöße, Semmelknödel und Rotkraut zu empfehlen.

Katholische Kirche in Hochheim

Kaninchen mit Birnen

1 Kaninchen (küchenfertig)	waschen, abtrocknen und in 6 bis 8 Teile zerlegen. Mit
Salz, Pfeffer	kräftig würzen.
50 g Fett	in einer Kasserolle erhitzen und die Kaninchenteile von allen Seiten anbraten, herausnehmen. Den Bratansatz mit
200 ml Rotwein	ablöschen. Dann
Rosmarin	und
Thymian	nach Geschmack sowie die Kaninchenteile hinzufügen und im vorgeheizten Backofen bei etwa 160 °C rund 60 Minuten schmoren. Zwischendurch mit Wasser angießen und die Teile wenden.
4 Birnen	waschen, schälen, halbieren, die Kerngehäuse ausschneiden. Die Birnenhälften mit in die Kasserolle legen und 5 Minuten mitgaren. Danach Birnen und Kaninchen aus der Kasserolle nehmen und warm stellen. Den Fond durch ein feines Sieb geben.
50 ml süße Sahne oder Schmand	in den Fond einrühren, nicht mehr kochen lassen! Abschließend
Preiselbeeren	in die warmen Birnenhälften einfüllen.

87

Falkenstein

Als Beilagen zum Kaninchen eignen sich Klöße, Nudeln oder Spätzle (Rezept Seite 47).

Ente mit Apfelfüllung

1 mittelschwere Mastente	waschen, trocken tupfen und die Talgdrüse am Bürzel entfernen. Mit
Salz, Pfeffer (weiß)	innen und außen würzen.
4 Äpfel	waschen, schälen, das Kerngehäuse ausstechen und mit
½ TL Majoran	in die Ente füllen.
2 EL Öl	im Bräter erhitzen. Die Ente anbraten und danach im Backofen bei rund 160 bis 180 °C abgedeckt etwa 90 Minuten braten. Ab und zu mit dem Bratenfond übergießen. Die Ente aus dem Bräter nehmen und warm stellen. Den Bratensatz mit
750 ml Apfelwein	ablösen, einkochen lassen.
60 g Crème fraîche	dazugeben.
20 g Butter	einrühren und einen Teil der Apfelfüllung mit in die Soße verarbeiten. Soße passieren. Dann die Ente tranchieren.

88

Als Beilage empfehlen sich Klöße, Kartoffelpfannkuchen, Rotkohl oder Rosenkohl.

Römische Siedlung Nähe Saalburg

Kirche Königstein

Dippehas oder Hase im Topf

Die Beize

2 Zwiebeln	
2 Knoblauchzehen	
250 ml Rotweinessig	
½ l Rotwein	
5 Pimentkörner (Nelkenpfeffer)	
1 Lorbeerblatt	
6 – 8 schwarze Pfefferkörner	
1 Zweig Thymian	
3 Gewürznelken	Alle Zutaten mischen.

Die Zubereitung

1 Hase	in Stücke schneiden und über Nacht in die Beize einlegen. Sollte die Beize nicht über dem Fleisch stehen, mit Rotwein nachfüllen.
500 g frischer Schweinebauch oder Schulter	würfeln.
2 EL Öl	erhitzen und das Schweinefleisch anbraten. Die Hasenstücke aus der Beize nehmen, mit Küchenkrepp trocken tupfen. Die Hasenteile dann in
2 EL Mehl	wälzen und ebenfalls anbraten. Nun alle angebratenen Teile in einen Schmortopf geben. Mit
Salz, Pfeffer	würzen.
250 g Schwarzbrot (gerieben)	darüber verteilen und mit Marinade aufgießen. Den Dippehas bei mittlerer Hitze (160 bis 180 °C) etwa 80 bis 90 Minuten bei geschlossenem Topf garen. Die Fleischstücke herausnehmen. Für die Soße
2 EL Schmand oder saure Sahne	unterziehen. Mit dem Passierstab durchpassieren.

89

Oma Anna am Herd

Gefüllte Rehschulter in Burgunder

Von Oliver Weiß, Restaurant Goldener Apfel, Hofheim

1 Rehschulter (etwa 1,2 – 1,5 kg)	auslösen und von Fett und Sehnen befreien. Die Knochen in walnussgroße Stücke hacken.

Die Füllung

1 Brötchen (vom Vortag)	in Würfel schneiden.
½ Zwiebel	fein würfeln, in etwas
Öl	anschwitzen und über die Brötchenwürfel geben.
1 Bund Schnittlauch (klein)	fein schneiden.
100 g Pfifferlinge	putzen und klein schneiden.
1 Ei	verquirlen, mit dazugeben.
50 ml Milch	lauwarm darüber gießen, alles vermischen. Mit
Salz, Pfeffer, Muskat	und
Wildgewürzmischung	abschmecken, dann etwas ruhen lassen. Nach 45 Minuten noch einmal durchkneten.

90

Die Fertigstellung

	Die Rehschulter ausbreiten, mit
Salz, Pfeffer	würzen, die Füllung darauf verteilen. Dann zusammenrollen und mit Bindfaden fixieren. Die gerollte Schulter in einer Kasserolle in heißem
Öl	rundum anbraten. Die gehackten Knochen dazugeben und braun rösten.
2 kleine Zwiebeln	
1 Karotte	
1 kleines Stück Sellerie	sowie
¼ Stange Lauch	waschen, bzw. putzen und jeweils in große Stücke schneiden. Mit in die Kasserolle geben. Wenn alles schön gebräunt ist, mit

Evangelische Kirche Bad Soden

½ l Spätburgunder	ein- bis zweimal ablöschen. Dann etwas Wasser angießen. Jetzt
2 Lorbeerblätter	
6 Wacholderbeeren	
1 TL Senfkörner	hinzufügen.
6 – 8 Pfefferkörner	
1 Zweig Thymian (frisch)	sowie
1 Prise Majoran	und etwas
Salz	dazugeben. Die Schulter in den auf 220 °C vorgeheizten Backofen geben. Ab und zu mit dem Bratenfond übergießen. Bei Bedarf noch etwas Wasser zugeben und etwa 60 bis 90 Minuten garen lassen. Für die Soße die Rehschulter aus dem Bratenfond nehmen und warm stellen.
1 EL Mehl	und
1 EL Butter	miteinander verkneten. Den Fond durch ein Sieb passieren und mit der Mehlbutter abbinden. Die Soße mit
0,2 cl Gin	abschmecken.

Beilagenempfehlung: Haselnuss-Spätzle, Rosenkohl, Rotweinbirne mit Preiselbeeren, Rotkohl oder Kartoffeln.

r's in Kopf und schwirrt, was willst es haben? Wer nicht und nicht mehr irrt, sich begraben!

Hast Du im Leben 100 Treffer man sieht's, man nickt, man geht vorbei, doch nie vergißt der kleinste Kläffer, schießt Du ein einzigmal vorbei

Willst Du glücklich sein im Leben Trage bei zu Andern Glück Denn die Freude die wir geben Kehrt ins eigne Herz zurück

Toreinfahrt
Hofgut Rettershof

Rehkeule

1 kg Rehkeule	waschen, abtupfen dann mit
Salz, Pfeffer (weiß, aus der Mühle)	würzen.
1 Bund Suppengrün	waschen und grob würfeln.
80 g Schweineschmalz	in einem Bräter erhitzen und die Rehkeule rundum kräftig anbraten. Dann das gewürfelte Suppengrün dazu und mitrösten lassen.
1 EL Tomatenmark	dazugeben. Mit
100 ml Rotwein	ablöschen.
1 Rosmarinzweig	hineinlegen. Mit
6 Wacholderbeeren	
2 Lorbeerblätter	und
1 l Brühe	auffüllen und bei 110 °C in den vorgeheizten Backofen geben. Dann die Temperatur auf 80 °C absenken und etwa 3 Stunden garen. Für die Soße die Keule aus dem Bratenfond nehmen und den Fond abpassieren.
100 g Crème fraîche	in den Fond geben.
1 EL Mehl	mit
1 EL Butter	verkneten und in den Fond einrühren.

Als Beilagen sind Klöße, Nudeln, Kroketten, pochierte Birnen und Preiselbeeren geeignet.

Rose

Hirschgulasch

1 kg Hirschfleisch	aus Blatt oder Keule in große Würfel (etwa 4 cm) schneiden.
50 g Fett	in einem Schmortopf erhitzen und das Hirschfleisch rundum kräftig anbraten. Das Fleisch aus dem Topf nehmen.
1 kg Zwiebeln	putzen, schälen und würfeln und im Schmortopf hell anschwitzen. Dann das Hirschfleisch dazugeben.
1 TL Salz	hinzufügen und weiter anschwitzen lassen.
1 – 2 Knoblauchzehen	
2 Lorbeerblätter	
1 Thymianzweig	
1 Petersilienwurzel	
6 – 8 Wacholderbeeren	alle Gewürze in ein kleines Leinentuch geben und mit Schnur zubinden. Den Gewürzbeutel in den Topf geben.
1 Orange	waschen, die Schale etwas abreiben und mit dem Saft einer halben Orange in den Topf geben. Mit
125 ml Rotwein	ablöschen. Etwas Wasser zugeben und etwa 90 Minuten langsam mit verschlossenem Deckel schmoren lassen. Wenn die Flüssigkeit nicht mehr über dem Fleisch steht, mit etwas Wasser auffüllen. Wenn das Fleisch gar ist, mit der Gabel prüfen, sollte die Soße sämig geworden sein. Den Gewürzbeutel herausnehmen und die Soße nochmals abschmecken.
50 g Preiselbeeren	unterheben. Das Hirschgulasch ist servierfertig. Wer mag, kann das Hirschgulasch durch Zugabe von
100 ml süße Sahne	zum Rahmgulasch verändern. Danach nicht mehr kochen lassen, denn die Sahne würde gerinnen.

> *Als Beilage empfehlen sich Spätzle,*
> *Nudeln oder Klöße und Preiselbeeren.*

> *Man kann Wild auch vor dem Braten*
> *marinieren. Es verkürzt die Garzeit und*
> *mildert den typischen Wildgeschmack z.B. bei*
> *Wildschwein. Man kann das Fleisch mariniert*
> *länger im Kühlschrank aufbewahren. Zwei*
> *Rezepte für Marinaden finden Sie ab Seite 94.*

Burg Eppstein vom Kaisertempel

Weinmarinade

750 ml Rot- oder Weißwein	abmessen und
250 ml Wasser	dazugeben.
1 Zwiebel	putzen, schälen und grob würfeln.
1 Karotte	waschen und in große Stücke schneiden.
1 Zweig Thymian	
2 Lorbeerblätter	
1 Prise Rosmarin	
1 Gewürznelke	und
6 – 8 Pfefferkörner	mit
6 Wacholderbeeren	im Mörser zerreiben.
1 Knoblauchzehe	hacken und dazugeben.

> *Bei der Rotweinmarinade verzichte ich gerne auf den Knoblauch. Bei leichtem Rotwein empfehle ich: den Wein unverdünnt einsetzen.*

Blumen

Altes Rathaus in Königstein

Essigmarinade

400 ml Essig (5%ig)	abmessen und
600 ml Wasser	dazugeben.
1 Zwiebel	putzen und grob würfeln.
1 Karotte	waschen und in große Stücke schneiden.
Je 1 Zweig Thymian, Lorbeerblatt	
1 Prise Rosmarin	
2 Gewürznelken	und
6 – 8 Pfefferkörner	mit
6 Wacholderbeeren	im Mörser zerreiben.
1 Knoblauchzehe	hacken und dazugeben.
½ TL Senfsaat	hinzugeben.

Buttermilchmarinade

Statt Essig, Wasser und Wein kann man auch einen Liter Buttermilch nehmen. Buttermilchmarinade eignet sich sehr gut für ältere Wildschweine oder ältere Wildhasen. Die Einlegezeit beträgt je nach Größe der Fleischteile zwischen zwei und fünf Tage. Das eingelegte Fleisch wird beim Anbraten keine braune Farbe annehmen.

95

Blick vom Burgturm Richtung Westen

Wohnhaus in Kelkheim Fischbach

Vom »Faulenzer« u. a. (erster Teil)

Von Fritz Fuchs

Gibt es ihn eigentlich noch, den »Faulenzer«, jenen großen Äppelweinbembel, der eingehängt in sein Kippgestell auf dem Tresen der Apfelweinwirtschaften stand, um dem Wirt das Nachschenken zu erleichtern?

Freilich, in Sachsenhausen sieht man ihn noch, dafür gibt es dort auch oft keinen Zapfhahn, weil es sich nicht gehört, in der Äppelweinkneipe Bier zu trinken. In Sachsenhausen gibt es auch noch das 0,3er Rippenglas, das in der Regel längst dem 0,25er gewichen ist, und zwar bevor die Brüsseler Gleichmacher solches hätten verordnen können. »Panta rhei«, alles fließt, soll der griechische Philosoph Heraklit festgestellt haben und auch der Äppelwein fließt und mit ihm fließen auch Gewohnheiten und Bezeichnungen dahin. In meiner Jugend trank man einen »Schoppen«, vielleicht auch einen »Gespritzten«. Heutzutage fragt der Kellner bei der Bestellung eines Äppelweins (ich hasse und verachte die Bezeichnung »Äppler«): »Gespritzt oder pur?«, so als sei der Gespritzte die Normalität.

Freilich, welche Vielfalt hat sich da entwickelt: süßgespritzt, sauergespritzt, tiefgespritzt und so weiter. Man muss aufpassen, als Besteller. Habe ich auch meinen »Puren« bekommen und nicht etwa einen Gespritzten? Bei Farbähnlichkeiten in verschiedenen Gläsern, die zu den Gästen gebracht werden, empfiehlt sich ein kurzer Schlag mit der Faust in Gläsernähe auf die Tischplatte. Man sieht, wo die Bläschen steigen und erkennt seinen »Puren« an der Ruhe, die im Glase herrscht.

(Der zweite Teil der Geschichte folgt auf Seite 161)

Apfelweinbembel

Blutwurst mit Zwiebelgemüse

500 g Zwiebeln	schälen und grob zerteilen.
100 g Schmalz	in einem Topf erhitzen und die Zwiebeln langsam darin schmoren. Von
500 g Blutwurst	die Haut entfernen, in Scheiben schneiden, zu den Zwiebeln geben und mit schmoren.
2 EL Essig	und
150 g Crème fraîche	verrühren, über die Zwiebeln gießen und etwa 10 Minuten einkochen lassen.
1 Bund Schnittlauch	waschen, trocknen, fein schneiden und über das Zwiebelgemüse geben.

Dazu reicht man ein herzhaftes Roggenbrot.

97

Kisseleffstraße Bad Homburg

Schmalztöpfchen mit Brot

Leberwurst mit Kartoffelbrei

750 g Kartoffeln	waschen, schälen und in
Salzwasser	weich kochen.
2 Zwiebeln	schälen, in feine Würfel schneiden und in der Hälfte von
100 g Butter	goldgelb anbraten. Die Kartoffeln abgießen und stampfen oder durch die Presse drücken.
100 ml süße Sahne	und die andere Hälfte der Butter und etwas Kochwasser zugeben.
Muskat	dazureiben und zu einem Kartoffelbrei verarbeiten. Den Kartoffelbrei auf Teller geben.
500 g Leberwurst	in Scheiben darauf verteilen und die angeschwitzten Zwiebeln darüber geben.

Blutwurst mit Kartoffelsalat

500 g Kartoffeln	waschen und mit
1 EL Kümmel	gar kochen. Dann pellen und in Scheiben schneiden.
250 g Zwiebeln	putzen, schälen und in Ringe schneiden. Mit den Zwiebeln sowie
3 EL Essig, 3 EL Öl	und
Salz, Pfeffer (weiß, aus der Mühle)	eine Marinade herstellen. Von
300 g Blutwurst	die Haut entfernen. Die Wurst in Scheiben schneiden. Die Kartoffeln auf Tellern anrichten. Blutwurstscheiben aufsetzen und die Marinade darüber geben.

Hausmacher Wurst

Bratworschtgedicht

»Nur e Bratworscht is erlaubt!«
So e Bratworscht muß indesse,
jeder ohne Gawwel esse;
Nur die rechte Hand und linke,
sin als Gawwel mit fünf Zinke
noch gestatt' – und des is gut.
Weil sich kaans sa steche duht!
Und die Pfarrer un Soldate,
Mediziner, Advokate, Owwerlehrer
Un Professor, Stadtamtmänner
und Assesser und de ganze
Handelsstand, frisst sei Werschtsche
Aus de Hand!

Auszug aus: Hessisches Kochbuch
Friedrich Stolze 1898

Schlosshotel Kronberg Rückansicht

Himmel und Erde

Von Horst Weihrich, Gimbacher Hof, Kelkheim

500 g Blutwurst	in Scheiben schneiden, in
Mehl	wenden und in einer Pfanne braten.
2 Äpfel (säuerlich)	schälen, in Spalten schneiden.
100 ml Apfelwein	zum Kochen bringen. Die Apfelspalten mit
50 g Zucker	in den kochenden Wein geben. Kurz garen lassen, dann die Flüssigkeit abschütten. Die Äpfel in etwas
Butter	nachbraten.
2 kg Kartoffeln	schälen, in Salzwasser gar kochen, abschütten und in eine Schüssel pressen. Mit etwa
750 ml Milch	zu Püree verarbeiten.
100 g Butter	zugeben. Mit
Salz, Muskat	abschmecken. Anrichten, die Blutwurstscheiben darauf geben und
200 g Röstzwiebeln	über das Püree geben.

Klosterportal Kelkheim

Fleischwurstgulasch

Von Oliver Weiß, Goldener Apfel, Hofheim (Taunus)

1 Zwiebel	klein schneiden.
60 g Butterschmalz	erhitzen. Die Zwiebeln mit
100 g Dörrfleischwürfel	in dem Fett anschwitzen.
1 kleine Paprikaschote	würfeln und dazugeben.
½ EL Tomatenmark	und
1 TL Paprikapulver (scharf)	zufügen und alles leicht durchrösten. Etwas Brühe oder Wasser angießen.
700 g Kartoffeln	schälen, in Würfel schneiden, dazugeben und weich kochen.
600 g Fleischwurst	in Scheiben schneiden und hinzufügen. Mit
Salz, Pfeffer	
Kümmel (gemahlen)	abschmecken.
Knoblauch	fein hacken und nach Geschmack dazugeben.
1 Bund Schnittlauch (klein)	fein schneiden, dekorativ darüber verteilen.

101

Wurstauflauf

1 kg Kartoffeln	waschen, schälen, reiben.
1 Ei	dazugeben. Mit
Salz, Pfeffer (weiß, aus der Mühle)	würzen.
1 Apfel	waschen, schälen, Kerngehäuse ausstechen und würfeln.
1 Zwiebel	schälen und würfeln. Beides mit den Kartoffeln mischen.
4 EL Öl	in eine Auflaufform geben, die Masse einfüllen. Von
4 Rinds- oder Fleischwürste	die Haut abziehen und der Länge nach halbieren. Die Wursthälften in die Kartoffelmasse drücken, bis sie komplett bedeckt sind. Bei 180 °C im Backofen 30 Minuten backen.

> *Als Beilage passt Apfelmus.*

Eschborn Gewerbegebiet Süd

Karpfen blau

1 Karpfen (küchenfertig)	waschen.
2,5 l Wasser	in einen Topf geben,
200 ml Essig	dazugeben und zum Kochen bringen. Dann
Salz	hinzugeben und
1 Lorbeerblatt	mit einlegen.
1 kleine Zwiebel	schälen, in Streifen schneiden und ebenfalls in das Wasser geben. Den Karpfen am Stück oder in Stücke zerteilt in das Wasser legen. Nicht mehr kochen sondern nur ziehen lassen. Nach etwa 20 Minuten ist der Karpfen fertig.
25 ml süße Sahne	steif schlagen.
2 EL Meerrettich (gerieben)	unter die Sahne heben und zum Karpfen servieren.

Als Beilage eignen sich Salzkartoffeln und Blattsalate.

Blick auf Eppstein vom Kaisertempel

Gebratenes Forellenfilet auf Apfel-Rahm-Kraut

Von Horst Weihrich, Gimbacher Hof, Kelkheim

Das Rahmsauerkraut

1 kleine Zwiebel	klein schneiden. In
40 g Butter	andünsten.
2 Äpfel	in Scheiben schneiden. Beides mit
800 g Sauerkraut (frisch)	in einen Topf geben.
3 Lorbeerblätter	
5 – 6 Nelken	sowie
6 Wacholderbeeren	zufügen. Mit
Salz, Pfeffer	und
Worchestershire Sauce	abschmecken.
250 ml Apfelwein	angießen. Nun alles kochen (nicht zu weich).
200 ml süße Sahne	hinzufügen. Mit etwas
Mehl	abbinden. Abschließend leicht mit
Salz, Pfeffer	abschmecken.

103

Die Forellenfilets

8 Filets von der Taunusforelle	mit
Salz, Pfeffer	und
Worchestershire Sauce	würzen. Mit
Zitronensaft	säuern, dann in
Mehl	wenden und abbraten.

Mein Tipp: als Beilagen kleine Kartoffelpuffer oder Schupfnudeln (Rezept Seite 124) reichen.

Blick durch den Kaisertempel nach Eppstein

Aalsuppe

2 frische Aale	ausnehmen, abziehen, waschen und die Mittelgräte entfernen. Die Filets in 3 cm breite Stücke schneiden.
750 ml Wasser	erhitzen
250 ml Weißwein (trocken)	dazugeben. Gräten, Köpfe, Haut und
1 Stange Lauch	der Länge nach halbieren, putzen, waschen und in 1 cm breite Streifen schneiden.
Je 1 Pastinake, Karotte	waschen, schälen und in grobe Stücke schneiden.
1 Zwiebel	putzen, schälen und in große Würfel schneiden. Das Gemüse ins Wasser geben,
Salz	und
1 Lorbeerblatt	dazugeben und etwa 1 Stunde kochen lassen. Dann den Fond abpassieren. Den Saft
1 Zitrone	über die Aalstücke träufeln, dann die Aalstücke in
3 EL Mehl	wälzen.
50 g Butter	in einer Pfanne erhitzen und die Aalstücke anbraten. Den Aal in einen Topf geben und mit dem Fond aufgießen. 15 Minuten ziehen lassen.
1 Bund Salbei	waschen und ganz fein hacken.
1 Bund Petersilie (klein)	ebenso waschen, ganz fein hacken und in die Suppe geben.
250 ml süße Sahne	auffüllen und nicht mehr kochen lassen. Mit
Salz, Pfeffer (aus der Mühle)	abschmecken.

104

> Dazu schmeckt ein frisches Weißbrot.

Villa in der Kaiser-Friedrich-Promenade

Gebratene Taunusforelle

4 frische Forellen	waschen. Etwas
Zitronensaft	in die Bauchhöhlen träufeln. Mit
Salz, Pfeffer	bestreuen und die Forellen in
50 g Mehl	wälzen. Etwas
Fett	in einer Pfanne erhitzen und die Fische auf beiden Seiten braten. Die Temperatur darf nicht zu heiß sein. Zum Ende des Bratvorganges das Fett aus der Pfanne entfernen.
50 g Butter	erhitzen. Die Forellen nun kurz in Butter nachbraten.
100 g Butter	schmelzen und in einer Sauciere zu den Forellen reichen.

Als Beilage sind Salzkartoffeln sehr zu empfehlen.

105

Blick zum Rossert im Frühling

Richard Wagner, Wohnhaus in Bad Soden

Tischgespräche

Von Fritz Fuchs

Zu diesem und jenem auf seinem Teller könnte man »Sie« sagen, ließ der Gast in einem Esslokal in Vockenhausen seine Mitesser am Tisch und auch mich, der ich als einziger Zuhörer am Nebentisch saß, wissen. Man könnte es, sagte er. Es lag kein Zwang in seiner Aussage. Somit blieb unklar, ob er die bewussten Teile seiner Mahlzeit nun tatsächlich angesprochen hatte oder nicht. Offen blieb auch, ob er wirklich »Sie« gesagt hatte. Seine Tischgenossen schien dies nicht sonderlich zu interessieren. Mich hatte seine Bemerkung stutzig gemacht. Mein Schnitzel für knapp 12 Euro wäre einer solchen Anrede nicht würdig gewesen. Ich versuchte zu ergründen, was er auf dem Teller hatte. Vergeblich, ich konnte es nicht erkennen.

Vom Ober ließ ich mir nochmals die Speisekarte geben. Obwohl ich normalerweise mit meinem Essen keine Rücksprache nehme, hätte es sein können, dass da etwas Besonderes feilgeboten wurde. Nichts Auffallendes konnte ich entdecken. Wozu hätte man »Sie« sagen können? Zum Kaiserschmarren? Zur Königinpastete? Zum Gutsherrentopf? Halt! Vielleicht zu den Prinzessbohnen? Seit 1918 sind die Privilegien des Adels abgeschafft. Alle Titel gelten nur noch als Namenszusatz. Man darf solche

Saal um etwa 1920

Miniaturhäuser im Taunuswunderland in Bad Schwalbach

Menschen auch duzen. Nein, ich fand nichts Einschlägiges auf der Speisenkarte. Das Bauern-Omelett konnte es nicht sein. Wer würde schon zu solch einer trivialen Speise »Sie« sagen? Beim »Frankfurter Würstchen« verbot sich das von selbst. Auch die angebotenen Fische waren nicht allzu edel. Karpfen und Kabeljau. Ich las einmal, dass ein Esser mit dem Fisch auf seinem Teller sogar schimpfte. »Schäm' dich«, soll er gesagt haben, »so klein bist du noch und stinkst schon so.« Hätte er ihn siezen sollen? Ich wage sogar zu behaupten, dass der Esau nicht mal das Linsengericht per »Sie« angesprochen hatte, dessentwegen er sein komplettes Erstgeborenenrecht an Jakob/Israel abgetreten hatte.

Ich verliere mich im Spekulieren. Zu dieser Zeit wurde im gelobten Land nur per »Du« gesprochen. Der Esau muss übrigens einen Mordshunger gehabt haben, dass er sich so vom Jakob über den Tisch hat ziehen lassen. Aber der liebe Gott hatte der Rebecca schon gleich gesagt, dass der ältere der zu erwartenden Zwillinge dem jüngeren werde dienen müssen. Ich verließ das Lokal ohne Erkenntnisse. Am Stammtisch in Hornau duzen wir uns alle. Es würde uns im Traum nicht einfallen, etwa »Goethes Brotzeit« zu siezen.

107

*Der Frankfurter Künstler L. Viragh
bei Villeroy & Boch in Mettlach*

Stammtisch um 1920

Zanderfilet im Riesling-Sud

4 Zanderfilets (180 – 200 g)	auf die Hautseite legen. Den Saft von
½ Zitrone	über die Filets verteilen. Mit
Salz, Pfeffer	würzen. Die Filets mit der Haut nach oben in eine Auflaufform legen.
1 Karotte	waschen, in feine Streifen schneiden.
1 kleine Fenchelknolle	waschen, in feine Streifen schneiden. Das Gemüse über die Filets verteilen.
100 ml Riesling (trocken)	über das Gemüse gießen und die Auflaufform bei etwa 120 °C 15 Minuten in den vorgeheizten Backofen geben.

Als Beilage eignen sich Reis oder Kartoffeln.

Feldbergtürme

Eppstein

Zanderfilets in Eihülle

800 g Zanderfilet	auf die Hautseite legen und die Gräten mit einer feinen Zange ziehen. Den Saft von
½ Zitrone	über die Zanderfilets träufeln, dann mit
Salz, Pfeffer (aus der Mühle)	bestreuen.
50 g Mehl	auf einen flachen Teller geben und die Filets darin wälzen.
50 g Öl	in einer Pfanne erhitzen.
2 Eier	verquirlen und die Filets durch die verquirlten Eier ziehen. Dann mit der Haut nach unten in die heiße Pfanne legen. Bei schwacher Hitze braten bis sie goldbraun sind, dann wenden und gar ziehen lassen.

> Zu Zanderfilets schmeckt geschmolzene Kräuterbutter oder auch Grüne Soße (Rezept Seite 28) und Salzkartoffeln.

109

Grillhütte Atzelberg

Wohnhaus in Eppstein

Gebratene Lachsforelle

1 Lachsforelle (etwa 1,5 kg)	waschen, den Bauchraum mit dem Saft von
1 Zitrone	beträufeln. Beide Seiten des Fisches außen mit
Salz, Pfeffer (aus der Mühle)	würzen und in
2 EL Öl	anbraten. Dann
1 EL Butter	mit in die Pfanne geben. Die Pfanne bei 80 °C etwa 15 Minuten in den vorgeheizten Backofen geben. Danach auf einer Platte servieren und die Butter vom Braten darüber geben.

Als Beilage schmecken neue Kartoffeln oder Salzkartoffeln.
Die Lachsforelle eignet sich auch wunderbar zum Heiß-Räuchern.
Dazu braucht man nur Sägemehl (es muss von unbehandeltem Holz sein, am besten Buche). Das Sägemehl in einen entsprechend großen Topf geben und die gewürzte Forelle auf ein Gitter darüber legen. Dann den Topf erhitzen, bis das Sägemehl raucht. Nach rund 15 bis 20 Minuten kann die Forelle aus dem Rauch genommen werden und ist servierfertig. In Haushaltswarengeschäften oder im Angelbedarf gibt es auch spezielle Räucherboxen zu erwerben.

Einspänner beim Säen

Hechtklößchen auf Blattspinat

500 g Hechtfilet	Gräten und Haut entfernen und würfeln.
2 Zwiebeln	putzen, schälen, fein hacken und hell anschwitzen, abkühlen lassen.
5 Scheiben Toastbrot	entrinden und in Würfel schneiden.
1 Ei	verquirlen. Hecht, Zwiebeln, Toastbrot und das Ei in eine Schüssel geben. Mit
Salz, Pfeffer (aus der Mühle)	würzen und
20 ml Noily Prat	unterheben. Ein Viertel von
500 ml süße Sahne (gut gekühlt)	unter den Hecht geben. Dann 30 Minuten kalt stellen. Mit einem Küchenkutter (Moulinex) oder ähnlichem die Zutaten kuttern. Es ist darauf zu achten, dass die Temperatur der Farce nicht über 20 °C steigt. Wenn die Temperatur zu warm wird, abbrechen und wieder kühlen. Wenn alles gekuttert ist, wieder kalt stellen. Nach 15 Minuten alles durch ein Haarsieb streichen und den Rest der Sahne mit einem Unterheber vorsichtig unterarbeiten.
1 kg Blattspinat	putzen, waschen und gut abtropfen lassen.
2 Zwiebeln	putzen, schälen, fein hacken.
15 Cherrytomaten	putzen und waschen.
50 g Öl	in einer Pfanne oder im Topf erhitzen, Zwiebeln hell anschwitzen, den Spinat dazugeben und durchschwenken. Tomaten hinzufügen. Mit
Salz, Pfeffer (aus der Mühle) Muskat (frisch gerieben)	nach Geschmack würzen.
1,5 l Wasser	salzen oder Fischfond in einem Topf zum Kochen bringen, dann die Hechtfarce mit Löffeln zu Klößchen formen und gar ziehen lassen. Den Spinat auf einem Teller anrichten und die Klößchen darauf geben.

> Beim Kuttern der Fischfarce unbedingt auf die
> Temperatur achten, damit sie nicht gerinnt!
> Diese Rezeptur gilt auch für Lachs. Um die Bindung
> zu sichern, sollte man ein Eiweiß mehr dazugeben.

Feuerwehrübung um etwa 1930 in Hornau

Bauernfrühstück

750 g Kartoffeln	waschen, schälen, in Salzwasser gar kochen und abkühlen lassen. Dann in gleichmäßige Stücke schneiden.
30 g Fett oder Öl	in einer Pfanne erhitzen und die Kartoffeln goldbraun braten.
120 g Dörrfleisch	in kleine Würfel schneiden und dazugeben.
1 – 2 kleine Zwiebeln	in Streifen schneiden, ebenfalls mit in die Pfanne geben. Alles gleichmäßig braten.
8 Eier	verquirlen.
250 ml Milch	mit den Eiern verrühren. Mit
Salz, Pfeffer	würzen. Die Eier über die Kartoffeln gießen. Mehrmals den Inhalt der Pfanne schwenken, oder mit einer Palette drehen, bis die Eier fest geworden sind. Das Frühstück auf Teller verteilen. Abschließend
1 Bund Schnittlauch (klein)	in feine Scheiben schneiden und darüber streuen.

Als Beilage eignet sich eine Essiggurke oder Endiviensalat.

Dahlie mit Biene

Bauern im Gespräch

Frühlingsauflauf

1 kg Kartoffeln	waschen, schälen und reiben.
2 Zwiebeln	schälen, fein würfeln.
2 Eier	aufschlagen, mit den Kartoffeln und Zwiebeln vermischen. Mit
Pfeffer (schwarz, aus der Mühle)	und
Salz	abschmecken.
1 Bund Petersilie	waschen, gut trocknen, fein hacken und dazugeben.
250 g Dörrfleisch	würfeln. In
1 EL Schmalz oder Butter	anbraten und unter die Masse geben, Nun eine Auflaufform fetten. Alles in die gefettete Form füllen. Bei 170 °C in den vorgeheizten Backofen geben und etwa 1 Stunde garen.
1 Bund Frühlingszwiebeln	säubern, schälen und in dünne Scheiben schneiden. Mit
150 g Crème fraîche	mischen.
Muskat	nach Geschmack dazureiben und unterrühren. Den Auflauf aus dem Ofen nehmen und die Crème fraîche-Mischung obenauf verstreichen.
Butter	in Flöckchen darüber verteilen. Weitere 25 Minuten bei erhöhter Oberhitze in den Backofen geben, bis alles schön knusprig ist.

113

Je nach Geschmack kann man auch einen herzhaften Reibekäse (Emmentaler) darüber geben.

Blick vom Staufen auf Kelkheim-Fischbach

Kerbeumzug 1955

Kartoffeln mit Specksoße

1 kg Kartoffeln	waschen, kochen und dann pellen. In Scheiben schneiden.
250 g Dörrfleisch	in dünne Streifen schneiden.
2 EL Butter	im Topf erhitzen und das Dörrfleisch darin auslassen.
1 Zwiebel	schälen und fein würfeln, dann in den Topf geben und mitdünsten bis die Zwiebeln hellbraun sind. Mit
1 EL Mehl	bestäuben und kurz anschwitzen lassen.
½ l Brühe	dazugeben und sämig kochen lassen. Mit
1 EL Essig	
Salz	und
Pfeffer (weiß, aus der Mühle)	abschmecken. Die Soße über die warmen Kartoffelscheiben geben.
1 Bund Petersilie (fein gehackt)	darüber geben.

Der Schmied kommt auf den Hof, etwa 1950

114

Beim »Schäfer Jakob« in Hornau

Bei einer Wirtin wundermild,
da war ich oft zu Gaste,
zwei holde Äpfel war'n ihr Schild,
was richtig zu ihr passte.
Es war die Wirtin wunderbar
bei der ich eingekehret,
mit froher Miene, Lächeln gar
hat sie mich oft betöret.
Es kommen in ihr gutes Haus
viel wohlgenährte Gäste,
sie babbeln frei und halten Schmaus
bis auf die letzten Reste.
Ich fand kein Bett zu süßer Ruh,
nur Tisch und Stühl und Bank,
und keine Wirtin deckt mich zu,
so lag ich bloß und blank.
Und frag ich nach der Schuldigkeit,
die Wirtin sieht mich an:
Es ist nur eine Kleinigkeit,
komm wieder, lieber Mann.

Von Fritz Fuchs (in Anlehnung an »Die Einkehr« von Ludwig Uhland)

115

Schäfer Jakob (ganz rechts) mit Bruder und Freunden beim Schafskopf

Gebratene Schöpfklöße

1,5 kg Kartoffeln	Die Hälfte der Kartoffeln am Vortag waschen, kochen, pellen und reiben. Die zweite Hälfte auch waschen, roh schälen und ebenfalls reiben. Die roh geriebenen Kartoffeln in einem Tuch kräftig ausdrücken, bis kein Wasser mehr herauskommt. Das Wasser auffangen, um die Stärke, die sich dabei absetzt, mit in den Teig einzuarbeiten. Gekochte und rohe Kartoffeln in eine Schüssel geben.
65 g Mehl	dazugeben.
2 Eier	aufschlagen und untermischen. Mit
Salz, Pfeffer	und
Muskat (aus der Reibe)	nach Geschmack würzen. Alles zu einem festen Teig verarbeiten. Sollte die Masse nicht glatt werden, etwas von dem ausgepressten Wasser dazugeben. Nun mit einem großen Löffel die Kartoffelmasse in längliche Klöße abstechen und in kochendes Salzwasser geben. 20 Minuten ziehen lassen. Wenn sie oben schwimmen, herausnehmen und erkalten lassen. Die Klöße anschließend in 1 cm dicke Scheiben schneiden.
50 g Öl oder Schmalz	in einer großen Pfanne erhitzen.
150 g Dörrfleisch	in Würfel schneiden und dazugeben. Die Kloßscheiben ebenso in die Pfanne geben und beidseitig knusprig anbraten. Kurz bevor alles fertig ist,
100 ml süße Sahne	dazugeben und kurz etwas ankochen lassen.

> *Dazu passen deftige Rohkostsalate oder Rote Bete.*

Denkmal in den Weinbergen in Hochheim

Kartoffelgemüse

1 kg Kartoffeln	waschen, schälen, in 3 mm dicke Scheiben schneiden.
1 – 2 Karotten	
1 Stange Lauch	und
¼ Sellerie	sowie
1 Petersilienwurzel	jeweils waschen, schälen, bzw. putzen und klein würfeln. Zusammen mit
2 Lorbeerblätter	alles in einen Topf mit
Salzwasser	geben und gar kochen. Dann abgießen, das Kochwasser auffangen und die Hälfte des Wassers in einem anderen Topf zum Kochen bringen.
65 g Mehl	mit etwas kaltem Wasser anrühren und in das kochende Kartoffelwasser einrühren. 10 Minuten kochen lassen.
250 g Schmand	Jetzt den Topf vom Feuer nehmen und Kartoffeln, Gemüse und den Schmand unterziehen. Es sollte eine sämige Konsistenz haben.
1 Bund Schnittlauch (klein)	fein schneiden und darüber streuen.

117

Als Beilage zu Rindswurst geeignet und dazu eine Essiggurke.

Hochheimer Weinberge

Kartoffelklöße

750 g Kartoffeln	waschen, in Salzwasser kochen, pellen und durch die Kartoffelpresse drücken. Erkalten lassen.
500 g Kartoffeln	waschen, schälen und roh reiben. Die Masse mit einem Handtuch gut trocken pressen. Das Handtuch vorher mit Wasser ausspülen, um Waschmittelreste zu entfernen. Die geriebenen und die gekochten Kartoffeln in eine Schüssel geben.
1 Ei	dazugeben.
65 g Mehl	mit unter den Kartoffelteig mischen.
1 TL Salz	zugeben sowie
Muskatnuss	nach Geschmack hineinreiben. Sollte der Kartoffelteig noch zu feucht sein, kann man etwas Kartoffelstärke hinzufügen. Den Teig gut durchkneten und in Klöße formen. Die Klöße in kochendes
Salzwasser	geben und dann ziehen lassen, nicht kochen, bis sie an der Oberfläche schwimmen.

118

Klöße eignen sich als Beilage zu Braten, Gulasch und Wildgerichten.

Kirche in Kelkheim Eppenhain

Kartoffelkroketten

750 g Kartoffeln	waschen, schälen und vierteln. In
Salzwasser	gar kochen, dann abgießen und abdämpfen lassen. Danach die Kartoffeln durch die Presse in eine Schüssel drücken und
1 – 2 Eigelb	dazugeben.
Muskat	dazureiben. Eventuell mit
Salz	nachschmecken. Alles mit einem Holzlöffel verrühren. Sollte die Masse zu feucht sein, kann man etwa
1 EL Kartoffelmehl (bei Bedarf)	unterarbeiten. Dann die Masse zu Stäben (von etwa der Stärke eines Flaschenkorkens) rollen. Dazu den Arbeitstisch mit etwas Kartoffelmehl bestäuben. Die Kartoffelstäbe erkalten lassen und danach in 5 cm lange Stücke schneiden.
2 Eier	in eine Schüssel geben und verrühren. Die Kroketten vorsichtig durch das Ei ziehen und dann in
Paniermehl	wälzen. In einer Fritteuse in
Fett (zum Frittieren)	goldbraun ausbacken.

119

Variante I

Williamskartoffeln: Die Masse wird auch wie Kroketten hergestellt. Anschließend formt man sie zu einer kleinen Birne. Als Stiel verwendet man ein drei Zentimeter langes Stück Makkaroni und als Butzen eine Gewürznelke. Es wird alles zusammen frittiert. Diese Art der Krokette wird gerne zu Wildgerichten gereicht.

Variante II

Ebenso kann man die Kroketten statt durch Paniermehl durch gehobelte Mandelblätter rollen und anschließend ausbacken.

Kartoffelernte 1967

Ofenkuchen

500 g Kartoffeln	waschen, schälen und reiben.
½ l Milch	aufkochen und über
250 g Brötchen (vom Vortag)	gießen. Die Brötchen darin einweichen. Dann zu den Kartoffeln geben.
2 Eier	mit den geriebenen Kartoffeln vermischen.
50 g Kochschinken oder Speck	fein würfeln und unterarbeiten.
50 g Butter	in einer Pfanne erhitzen und den Teig in kleinen Portionen backen.

Dazu einen frischen Salat reichen.

Burg Königstein

Schmetterling

Pellkartoffeln mit Kräuterquark

1 kg Kartoffeln	waschen, in Wasser aufsetzen und rund 20 bis 25 Minuten gar kochen (je nach Größe der Kartoffeln). Dann abgießen und abdampfen lassen.
500 g Speisequark	mit
125 g Schmand	verrühren.
1 Bund Schnittlauch	und
1 Bund Petersilie	jeweils waschen, trocknen, fein hacken. Die Kräuter unter den Quark mischen und mit
Salz, Pfeffer (aus der Mühle)	abschmecken. Nach Geschmack
Knoblauch	fein hacken und untermischen.

Die Pellkartoffeln werden in einer Schüssel serviert, dazu den Quark reichen.

121

Es soll sich vor vielen Jahren zugetragen haben ...

Es soll Leute geben, die sich nicht sonderlich mögen. In einem solchen Falle wurde eine Einladung ausgesprochen. »Was gibt's dann zu esse?«, fragte die neugierige Nachbarin. »Ei, wie immer bei uns am Sonndach, Kardoffel, Gans und Haas.« Erstaunt berichtet die Frau ihrem Mann. »Stell der mal vor, DIE esse jeden Sonndach Gans und Haas! Und mer denkt, die habbe des Brot net über Nacht!«

Als dann alle am Tisch saßen, stellte die Frau einen Topf Pellkartoffeln auf den Tisch, den Quark dazu und wünschte einen Guten Appetit. »Ei Frau Nachbar, sie habbe doch was von Gans und Haas gesproche.« »Selbstverständlich, das sin se doch, die Kardoffel, ganz und haas«, antwortete sie mit einem nicht zu übersehendem Grinsen.

(Für Nichthessen sei erklärt, es gab Pellkartoffeln, ganz und heiß!)

In der Küche, etwa 1955

Kartoffelpüree

1,5 kg Kartoffeln	waschen, schälen und vierteln.
Salzwasser	zum Kochen bringen. Die Kartoffeln darin gar kochen, dann abgießen und durch eine Kartoffelpresse geben oder mit einem Stampfer stampfen.
375 ml Milch	erhitzen. Etwas
Butter	darin schmelzen und die Mischung über die gepressten Kartoffeln geben. Mit
Muskat (gerieben)	nach Geschmack würzen.

Kartoffelpüree fehlt bei keinem Schlachtessen und schmeckt auch zu Solberfleisch (in Salz eingelegtes Fleisch).

Kartoffelpfannkuchen

2 kg Kartoffeln (festkochend)	waschen, schälen, reiben und das Wasser etwas abtropfen lassen.
2 TL Salz	zufügen.
3 – 4 Eier	verquirlen. Kartoffeln, Eier und
50 g Mehl	miteinander verrühren.
250 g Öl	in der Pfanne erhitzen und aus der Masse Pfannkuchen (8 cm groß) von beiden Seiten kross ausbacken.

Kartoffelpfannkuchen mit Apfelmus: eine schmackhafte kleine Mahlzeit!

Kartoffeldämpfen für's Silo

Kartoffeltorte

Der Teig

250 g Mehl	
125 g Butter	und
110 ml Milch	mit
Salz	und etwas
Kardamom (gemahlen)	zu einem Teig verarbeiten. 1 Stunde ruhen lassen, dann ausrollen und in eine gefettete Springform (24 cm Ø) legen. Den Rand festdrücken.

> *Die Torte eignet sich als warmer Imbiss mit Salat ebenso wie als Beilage zu herzhaften Fleischgerichten.*

Die Füllung

1 kg Kartoffeln	waschen, schälen und in sehr dünne Scheiben schneiden.
2 Eier	aufschlagen.
200 ml süße Sahne	einrühren. Mit
Salz, Pfeffer (aus der Mühle)	würzen. Etwas
Muskat	darüber reiben und die Kartoffeln unterheben. Die Kartoffeln sollten gut benetzt sein. Mit einer Schaumkelle in die Springform füllen. Die verbliebene Eiermasse darüber gießen.
100 g Käse (gerieben)	überstreuen und die Torte für rund 90 Minuten bei 160 °C backen.

 123

Alltagsszene in Bad Homburg

Schupfnudeln

800 g Kartoffeln	waschen, mit Schale kochen, abgießen, pellen und durchpressen.
1 Ei	zu den Kartoffeln geben.
50 g Mehl oder Gries	untermischen. Mit
Salz, Muskat (gerieben)	abschmecken. Die Masse gut durchkneten und in etwa 7 bis 8 cm lange Stäbe formen. An den Enden spitz zurollen. Dann in kochendem
Salzwasser	10 Minuten gar kochen, aus dem Wasser nehmen und abkühlen lassen.
50 g Butter	in einer Pfanne erhitzen und die Schupfnudeln rundum anbraten.

Mit gebratenem Speck und Sauerkraut sind Schupfnudeln ein leckerer Imbiss. In Butter gebraten auch eine herzhafte Beilage zu Fleisch- und Wildgerichten.

124

Waldweg auf dem Staufen

Kreuzspinne

Speckkartoffeln

250 g Bauchspeck	in kleine Würfel oder Streifen schneiden und in der Pfanne mit etwas
Öl	glasig braten.
750 g Kartoffeln	waschen, schälen und in dünne Scheiben (2 bis 3 Millimeter) schneiden. Mit in die heiße Pfanne geben.
Salz, Pfeffer (aus der Mühle)	dazugeben und kräftig anbraten. Ab und zu durchschwenken und etwas
Kümmel	überstreuen.
2 Zwiebeln	schälen und grob würfeln, kurz in der Pfanne mitbraten. Dann die Pfanne mit einem Deckel abdecken und etwa 30 Minuten bei schwacher Hitze ziehen lassen.

> *Als Beilage serviert man am besten einen herzhaften Salat oder auch ein rustikales Bauernbrot.*

125

Kaisertempel in Eppstein

Altes Rathaus Münster

Schubkarrenrennen

Die Hornauer Kerb war immer »was Besonderes«. Es war zum Martinsfest, die letzte Kerb im Jahr. Das Jahr ging langsam zu Ende, die Ernte war eingebracht und so wurde dann auch ausgiebig gefeiert.

Eine alte Tradition war das Schubkarrenrennen. Am Kerwe-Montag fuhren die Kerweborsch mit alten, eisenbereiften Schubkarren über das holprige, sehr große Pflaster der Langestraße. Einer saß in der Karre ein Zweiter musste die Karre schieben. Vom alten Spritzenhaus am Hornauer Friedhof ging es vorbei an vier Tankstellen. An diesen mussten Fahrer und Beifahrer je einen Schoppen Apfelwein trinken, was den Beteiligten nach einem durchzechten Wochenende nicht immer leicht fiel. Da das Schlagen und Aufstellen des Kerwebaumes, der Kerweball, Aktivitäten auf dem Festplatz und eine Nachtwache zum Schutz des Baumes, ihre Spuren hinterlassen hatten, kamen doch schon mal böse Buben und sägten den Kerwebaum um oder entfernten diesen sogar.

Gestartet wurden alle zugleich, was dann auch einige Rempeleien zur Folge hatte. Dann ging es in schnellem Lauf die Straße hinunter am alten Rathaus (heute Park-

Kerbeborsch 1948

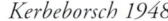

platz Hornauer Straße/Ecke Theresenstraße) vorbei beim Hannes Benner, Schäfer Jakob und weiter an der Kapelle, der Mühle vorbei, beim Klara Johann, dem Bäcker Roth und beim Lebensmittel Hermann bis zum Kerweplatz, auf dem sich heute das Gerätehaus der Freiwilligen Feuerwehr Kelkheim-Hornau befindet. Das Rennen kostete Kraft und es kam zu einigen Ausfällen. Von schlimmeren Verletzungen ist aber nichts bekannt. Die Siegprämie bestand aus einem Bembel Apfelwein, den der Sieger dann mit den anderen Kerweborsch teilte.

Mit dem Neubau der Sankt Martin-Kirche wurde die Kerb auf das Kirchweihfest im dritten Juniwochenende verlegt. Die Kerwe wurden ruhiger und wurden nicht mehr so ausgelassen gefeiert. Die Lebensumstände in den Wirtschaftswunderjahren haben sich verändert.

Nachdem diese Tradition in den sechziger Jahren des vorigen Jahrhunderts eingestellt wurde, gab es noch einmal einen Versuch, im Rahmen des Hornauer Brunnenfestes (nach der Sanierung der Hornauer Straße) das Schubkarrenrennen wiederzubeleben. Mitte der 1970er Jahre wurde das Rennen mit gummibereiften Schubkarren des Städtischen Bauhofs aus kürzerer Distanz und mit einer Tankstelle durchgeführt. Als Preis stiftete die Stadtverwaltung einen Bembel mit entsprechender Beschriftung. Aber auch das ist schon wieder Vergangenheit.

127

GRUSS aus Hornau i. Taunus. Stat. Königsteiner Bahn.

Gasthaus zum Taunus von Johann Neuhaus.

Bahnhof

Postkarte von 1911

Apfelauflauf

500 g Äpfel	waschen, schälen, Kerngehäuse ausstechen und in dünne Scheiben schneiden.
2 Eier	mit
125 g Zucker	schaumig schlagen.
1 Spritzer Zitronensaft	unter die aufgeschlagenen Eier heben.
125 g Mehl	und
2 gestr. TL Backpulver	durch ein Sieb streichen, mit der Eimasse vermischen. Eine Auflaufform mit
20 g Butter	ausbuttern. Abwechselnd die Teigmasse und die Apfelscheiben in die gebutterte Form füllen. Die oberste Schicht sollte eine Teigschicht sein. Etwa 30 Minuten bei 160 °C im Backofen backen.

St. Ursula-Kirche in Oberursel

Die Apfelernte beginnt.

Apfelmus

750 g Äpfel	Äpfel waschen, schälen und in gleichgroße Stücke schneiden. Die Äpfel in einem Topf mit
5 EL Wasser	zum Kochen bringen.
70 g Zucker	hinzugeben. Wenn die Äpfel weich sind, alles durch ein Sieb streichen und je nach Apfelsorte mit Zucker nachsüßen.

> *Als Beilage zu verschiedenen Gerichten geeignet. Wurde zu früheren Zeiten auch als Brotaufstrich gerne gegessen.*

Apfelsuppe, pikant

129

4 Äpfel	waschen, schälen und das Kerngehäuse entfernen.
2 Paprikaschoten	ebenfalls waschen, schälen und die Samen entfernen.
½ Salatgurke	waschen, schälen, Kerne entfernen. Alle 3 Zutaten klein schneiden.
1 – 2 Knoblauchzehen	fein hacken.
40 g Butter	im Topf erhitzen, Äpfel, Paprika und Gurke gut anschwitzen, danach
750 ml Gemüsebrühe	auffüllen und alles rund 20 Minuten weich kochen. Dann mit
Salz	abschmecken.
Pfeffer (schwarz, aus der Mühle)	
1 EL Paprikapulver (edelsüß)	sowie
1 EL Zucker	hinzufügen. Alles noch einmal aufkochen lassen und mit dem Passierstab fein mixen. Durch ein Sieb gießen und
100 ml süße Sahne	zugeben. In heiße Tassen verteilen.
1 Bund Schnittlauch (klein)	in kleine Scheiben schneiden und über die Suppe streuen.

Altes Rathaus in Oberursel

Apfelparfait

Von Peter Sandrock, Gimbacher Hof, Kelkheim

2 Äpfel	schälen, in kleine Würfel schneiden. Mit etwas abgeriebener Schale von
1 Zitrone	
½ Zimtstange	sowie
1 EL Zucker	kochen und leicht karamellisieren lassen. Danach kalt stellen.
2 Eier	und
1 Eigelb	mit
30 g Puderzucker	warm cremig aufschlagen. Danach kalt schlagen. Die Apfelstücke unter die Eimasse ziehen.
200 ml süße Sahne	steif schlagen und unter die Apfelmasse heben. Mit etwas
Calvados	abschmecken, in kleine Förmchen füllen und einfrieren.

Apfeldessert

Sauerbrunnen Bad Soden

Apfelsuppe mit Milchreisklößchen

Von Jeannot Eggenstedt, Gimbacher Hof, Kelkheim

Die Apfelsuppe

200 g Apfelkompott	mit
½ l Buttemilch	sowie
3 EL Zucker	
1 Prise Zimt	und
2 EL Haselnüsse (gehackt)	mischen.
150 ml süße Sahne	steif schlagen, unter die Apfelmasse heben und kalt stellen.

Die Milchreisklößchen

50 g Milchreis	mit
2 EL Zucker	in
1 l Milch	etwa 45 Minuten weich kochen. Unter den abgekühlten Reis
2 Eigelb	und
1 EL Rosinen	mischen. Kleine Klößchen formen und vorsichtig in die Apfelsuppe geben.

131

Teich in Kronberg

Mampfi, der Bär im Apfelland

Das Apfelland

Nach einer Gebietsreform im Jahre 1987 wurde das »Apfelland« von meinem Vater Hermann Bender neu angelegt. Eine Apfelplantage von drei Hektar im Kelkheimer Busch, mit rund 1200 Apfelbäumen aus 14 verschiedenen, ausgesuchten Kelterobstsorten. Von Boskop, Trierer Weinapfel, Glockenapfel, Haux, Hilde und Geflammter Kardinal bis hin zu Bismarck, um nur einige Sorten zu nennen. Aus diesen wird Hornauer Apfelsaft, Apfelwein, Apfelschaumwein und Apfeledelbrand hergestellt.

Schon von Anfang an war geplant, die Obstanlage weitestgehend maschinell zu bearbeiten. Das Schneiden der Bäume erfolgt mit Pressluftscheren, die vom Boden aus bedient werden. Das Schnittholz wird danach mit einem Häcksler-Mulcher klein gemacht und wieder verteilt. Wenn die Äpfel reif geworden sind, werden die Apfelbäume maschinell geschüttelt und die Äpfel mit einer Lesemaschine in große Transportkörbe aufgelesen. Diese leert man auf Anhänger und bringt sie direkt zur Kelteranlage am Gasthaus, wo sie umgehend gekeltert werden.

Durch diese schnellen Abläufe und das zügige Verarbeiten des Obstes wird eine hohe Qualität beim Rohsaft erreicht. Als »Süßer« zur Kelterzeit gerne getrunken, kommt der Saft dann in die Fässer und wird zu Apfelwein vergoren oder pasteurisiert als Apfelsaft in Flaschen gefüllt.

Im Herbst, an einem Sonntag, meist Ende September, gibt es die Keltertour – einen Tag der offenen Tür im Apfelland mit vielen Kindern, die selbst Obst ernten und danach ihre Äpfel gekeltert bekommen. Maschinen werden vorgeführt und es wird erklärt wie Baumpflege funktioniert. Ebenso kann man Baumpatenschaften für einzelne Apfelbäume erwerben.

Seit 2009 ist das Apfelland auch gastronomisch erschlossen. Dort gibt es zwischen Mai und Ende August an den Wochenenden und Feiertagen eine Straußwirtschaft, das »Schäfer Jakobs Apfelland«. Wanderer und Spaziergänger können hier hauseigene Produkte wie Wurst im Glas, Spundekäs, Handkäs oder Flammkuchen und natürlich den hauseigenen Apfelwein unter den Apfelbäumen genießen. Man kann sich auf Picknick-Decken unter den Bäumen niederlassen und selbst Geburtstagsfeiern und Hochzeiten finden unter den Apfelbäumen statt.

Frühling im Apfelland

Apfeltraum

250 g Mascarpone	1 Stunde vor der Zubereitung aus dem Kühlschrank nehmen.
2 Eigelb	
50 g Zucker	Eigelbe mit dem Zucker schaumig schlagen und Mascarpone unterziehen.
2 Eiweiß	steif schlagen und unter den Mascarpone unterheben, nicht mit dem Schneebesen rühren! Den Boden einer Schüssel dünn mit der Masse bedecken.
200 g Löffelbiskuits	
500 ml Apfelsaft	Löffelbiskuits kurz in Apfelsaft einlegen und danach nebeneinander eine Lage in die Schüssel legen.
2 cl Calvados	darüber verteilen.
200 g Apfelmus	über die Masse streichen. Diesen Vorgang nochmals wiederholen und eine zweite Lage aufbringen. Zum Schluss den Rest Mascarponecreme obenauf verteilen. Mehrere Stunden durchkühlen lassen.

133

Ein erfrischender Nachtisch für den Sommer oder bei kalten Büfetts.

Apfellesemaschinen im Einsatz

Apfelweinschaum

½ l Apfelwein	mit
200 g Zucker	in einen Topf geben.
1 Zitrone	waschen, die Schale zur Hälfte in den Topf reiben. Den Saft ausdrücken und zugeben.
4 Eier	trennen und die Eigelbe mit dem Apfelwein im Wasserbad cremig aufschlagen. Das Eiweiß steif schlagen, nach Geschmack etwas Puderzucker unterheben und unter die etwas abgekühlte Eimasse geben.

Schmeckt sehr gut in Verbindung mit Vanilleeis.

Falkenstein Ortsmitte

Reitplatz Rettershof

Äppelplätzjer

300 g Mehl	zusammen mit
2 – 3 Eier	
100 g Zucker	und
1 Prise Salz	in einer Schüssel verrühren.
1 Pck. Vanillezucker	
Milch	dazugeben bis die Konsistenz nicht mehr dickflüssig ist.
400 g Äpfel	schälen und in Stücke schneiden. Unter den Teig mischen.
10 Walnüsse (gehackt)	(nach Geschmack) mit in die Masse einarbeiten. Alles in einer Pfanne zu Plätzchen von etwa 6 bis 8 cm Durchmesser ausbacken. Die Plätzchen gleich nach dem Backen in einer Mischung aus
Zimt, Zucker	wälzen.

135

Kurhaus Bad Homburg

Apfelplätzchen

Bratapfel mit Rosinen

4 Äpfel (Braeburn, Glockenapfel)	waschen, Kerngehäuse ausstechen und in eine feuerfeste Form setzen.
4 EL Rosinen	in die Äpfel füllen und etwas andrücken.
3 EL Zucker	mit
1 EL Zimt (gemahlen)	vermischen und danach ebenfalls in die Äpfel geben. Dann bei etwa 140 °C (je nach Dicke der Äpfel) 15 bis 20 Minuten in den Backofen geben.

Den Bratapfel heiß servieren mit Vanillesoße oder als Beilage zu Gänsebraten.

136

Türmchen auf Kloster Kelkheim

St. Martin Kelkheim-Hornau im Frühling

Nuss-Bratäpfel

4 große, säuerliche Äpfel	waschen und mit einem Ausstecher vom Kerngehäuse befreien. Mit
1 EL Butter	eine feuerfeste Form ausfetten und die Äpfel hineinsetzen.
150 g Rosinen	mit
50 g Zucker	und
½ TL Zimt	mischen und die Äpfel damit befüllen.
60 g Butter	in Flocken vor dem Backen auf jeden Apfel geben. Die Äpfel im Backofen bei 200 °C 30 Minuten backen. Für die Nussmischung
50 g Butter	in der Pfanne erhitzen und
100 g Haferflocken	sowie
100 g gehackte Haselnüsse	kurz darin anrösten.
50 g Zucker	dazugeben und unter Rühren karamellisieren lassen, bis die Mischung goldbraun ist. Die fertigen Bratäpfel mit der Mischung bestreuen und heiß servieren.

137

Äpfel auf dem Hof – Kelterzeit 1987

Der schmeckt!

Vom »Süßen« und seinen Verwandten

Von Fritz Fuchs

»Jetzt Süßer«, stand auf dem Schild zu lesen, das der Hornauer Wirt an der Eingangstür angebracht hatte. Die Anzeige schien eindeutig. Freilich, »Jetzt, Süßer« wäre auch eine Art Herausforderung gewesen. Aber nein, hier sollte getrunken und nicht poussiert werden.

Lasst uns vom »Süßen«, dem Großvater und vom »Rauscher«, dem Vater des Äppelweins auf die »Ursuppe« des Traubenweins, auf die Maische, zu sprechen kommen. In unseren Breiten nennt man den Zustand des Saftes nach dem Pressen der Trauben und beim Einsetzen der Gärung »Federweißen«, die Württemberger sagen »Moscht«, die Badener heißen ihn »Suser«, die Pfälzer haben gleich zwei Begriffe parat, nämlich »de Neie« und »de Risser« und die Österreicher schließlich nennen ihn »Sturm«.

Die pfälzische Bezeichnung »Risser«, was sicherlich vom Reißen abzuleiten ist, aber noch mehr das österreichische »Sturm« lassen eigentlich mit erheblicher Deutlich-

138

keit erkennen, welche Folgeerscheinungen überdurchschnittlichem Konsum des in Gärung befindlichen Getränks zuzumessen sind. Die Franken allerdings müssen über eine andersartige Darmflora verfügen. Wie wäre es sonst zu erklären, dass sie dem Saft die Bezeichnung »Bremser« gegeben haben? Wen soll er bremsen? Unser »Rauscher« verhält sich nach verlässlichen Aussagen geschworener Äppelweintrinker relativ friedlich.

Apropos Franken. Mit guten Freunden war ich nach Iphofen in Unterfranken gefahren. Wein sollte geholt werden und eine Probe in kleiner Runde fand statt. Es wurde geschnalzt, gegluckert, geschlürft und geschluckt und auch ich gab mein Bestes. Beizeiten hatte ich mich als geschworener Äppelweintrinker »geoutet«, und so konnte ich mich den Weinen hingeben, ohne zur Stimmabgabe aufgefordert zu werden. Als die Weine nach ein paar Tagen den Freunden angeliefert wurden, fanden diese eine separate Flasche mit einem Handzettel darunter. Die Notiz besagte, dass dieser Wein mir auszuliefern sei, es sei die trockenste und säuerlichste Sorte, die sie im Angebot hätten und somit läge der Wein am dichtesten beim Äppelwein. Ich habe ihn getrunken. Man muss tolerant sein, und eigentlich hat mir der Winzer doch eine Freude bereitet. Der Wein hat geschmeckt.

139

Apfelbäume

Aprikosenauflauf (für etwa 6 Personen)

250 g Aprikosen	entsteinen, vierteln und in eine feuerfeste Form geben.
6 TL Zucker	über die Früchte streuen. Nun
1 kg Magerquark	
3 Eigelb	
Zucker nach Geschmack	und
30 g Grieß	sowie
2 TL Zitronensaft	
1 TL Backpulver	miteinander vermischen.
2 Eiweiß	steif schlagen und unter die Quarkmasse heben. Danach die Masse über die Aprikosen verteilen. Den Auflauf bei 200 °C etwa 60 bis 70 Minuten backen und sofort servieren.

Chor der Erlöserkirche Bad Homburg

Aprikosenkompott

600 g Aprikosen	waschen und kurz in kochendes Wasser tauchen, die Haut abziehen und entsteinen. Früchte in einen Topf geben.
80 g Zucker	darüber streuen. Sobald die Aprikosen Saft gezogen haben, schnell zum Kochen bringen und danach langsam weich ziehen lassen. Mit Zucker abschmecken.

Wenn die Aprikosen reif werden, ist dies eine Möglichkeit, sie in Gläser einzukochen und das schöne Aroma zu konservieren. Es ist ein leckerer Nachtisch in Verbindung mit Eis oder kann auch als Einlage bei Kuchen und Torten Verwendung finden.

141

Mit Schnee bedeckt ...

Portal der Erlöserkirche Bad Homburg

Vanillecharlotte (aus Eins mach Zwei)

Von Eva Rembser, Altes Rathaus Café, Hofheim

200 ml Milch	in einen Schlagkessel geben.
150 g Zucker	dazugeben und mit dem Mark von
1 Vanilleschote	vermischen.
4 Eigelb	im Wasserbad mit dem Schneebesen lauwarm aufschlagen.
2 Blatt Gelatine	in Wasser einweichen, ausdrücken und darunter geben. Weiter schlagen bis die Masse kühl ist.
500 ml süße Sahne	schlagen und unterheben. Die Creme in Gläser verteilen und 2 Stunden kühlen. Dann mit den Chinonweinpflaumen (Rezept Seite 143) in Gläser füllen. Ergibt etwa 10 Gläser.

Sie können auch ohne Gelatine arbeiten. Mit Gelatine können Sie alles schon am Tage vorher zubereiten. Mit diesem Grundrezept lassen sich mehrere Desserts herstellen.

Straßenzug im alten Ortskern von Eschborn

Vanillecharlotte mit Pflaumen

Evas Rumtopf (Chinonweinpflaumen)

Von Eva Rembser, Altes Rathaus Café, Hofheim

250 g Pflaumen	in einem Topf erhitzen.
100 g Zucker	dazugeben. Mit
150 ml Chinonwein	ablöschen.
⅓ Stange Zimt	zu den Pflaumen geben. Etwas
Zitronenschale (abgerieben)	zufügen. Nun
1 EL Maisstärke (z. B. Maizena)	mit etwas
Rotwein	anrühren, dazugeben und die Pflaumen damit binden. Pflaumen nicht zu weich kochen.

In der Altstadt von Königstein

Eschborn bietet viele schöne Blickwinkel.

Johann Carl Weck ...

... geboren am 8. Juli 1841 in Schneidhain (Taunus) – heute ein Stadtteil von Königstein – hat das Leben so mancher Hausfrau verändert. Einwecken war die Tätigkeit,
die seiner Erfindung zu Grunde lag.

Im Jahr 1900 gründete er mit seinem Partner Georg van Eyck die Firma J. Weck
& Co. im südbadischen Öflingen. Die dort produzierten Gläser revolutionierten
die Haltbarmachung von Lebensmitteln in Zeiten, in denen es weder Strom noch
Kühlschrank in den Küchen gab.

Der spezielle Deckel mit Gummidichtung und der Metallverschluss halfen, die Ernten zu konservieren und im Winter noch Gemüse und Obst zu genießen. Erfolg-
reiches Marketing führte dazu, dass bald in jedem deutschen Haushalt nicht nur
eines dieser Gläser stand, auf dem der Name Weck prangte.

Der Erfinder der Haltbarmachung von Lebensmitteln durch Hitze war der Chemiker Dr. Rudolf Rempel. 1895 kaufte Weck ihm das Patent ab. Als Vegetarier und
Anti-Alkoholiker suchte er nach Methoden der Haltbarmachung ohne den Einsatz
von Alkohol.

1901 übersiedelte Weck nach Frankreich, wo er 1914 verstarb. Er versuchte dort
sein Verfahren ebenso wie in Deutschland bekannt zu machen.

Das Wort »Einwecken« wurde schon 1907 vom Duden als Synonym für das Einkochen von Lebensmitteln aufgenommen.

Weckgläser mit Kirschen

Butterwaffeln

125 g Butter	
1 EL Zucker	
4 Eigelb	zusammen in einer Schüssel mit dem Schneebesen schaumig rühren.
250 g Mehl	dazugeben und mit
250 ml Milch	glatt rühren. Von
1 Zitrone (unbehandelt)	die Hälfte der Schale abreiben und mit in den Teig geben.
4 Eiweiß	zu Eischnee aufschlagen, unterheben.
20 g Öl	ebenfalls unterheben. Dann den Teig in einem Waffeleisen ausbacken. Entweder
Marmelade	auf die Waffeln streichen oder mit
Puderzucker	bestreuen.

Die Waffeln schmecken natürlich auch mit eingemachten Früchten und Sahne. Kinder bevorzugen oft einen Aufstrich aus Haselnusscreme.

145

Golfplatz am Schloss Friedrichshof

Griesbrabbes

1 l Milch

100 g Zucker

1 Pck. Vanillezucker   in einen Topf geben und zum Kochen bringen.

500 g Grieß   langsam einrühren. Wenn die Masse fest wird, vom Ofen nehmen.

2 Eigelb   zur Verfeinerung mit unterrühren.

Zimtzucker   nach Geschmack dazugeben.

> *Als Beilage eignet sich eingemachtes Obst, zum Beispiel Aprikosen, Mirabellen, Zwetschgen und so weiter.*

146 # Beerenkaltschale

500 g Erdbeeren oder Himbeeren   waschen und passieren. Von

1 Vanillestange   das Mark auskratzen, zum Fruchtmark geben.

80 g Zucker   einrühren.

½ Zitrone   auspressen, den Saft zufügen und verrühren.

500 – 750 ml Apfelsaft   dazugeben. Mit

Mineralwasser   auffüllen.

> *An heißen Tagen eine schmackhafte kleine Mahlzeit.*

Brücke im Quellenpark Bad Soden

Heidelbeerkompott

500 g Heidelbeeren	waschen, verlesen und
80 g Zucker	darüber geben.
1 Stange Zimt	dazugeben, kurz aufkochen lassen Dann schnell abkühlen. Die Zimtstange herausnehmen.

Schmeckt zu Milchreis und zu Pfannkuchen und natürlich auch zu Vanilleeis.

147

Eingang zur Villa Rothschild in Königstein

Die Sodeniaquelle im Quellenpark Bad Soden

Kirschenmichel auf hessisch

1 kg Kirschen	waschen, Stiel entfernen. Die Kirschen verlesen und entsteinen.
6 Milchbrötchen	Rinde abreiben und in Scheiben schneiden.
250 ml Milch	erhitzen und über die Brötchenscheiben gießen, einziehen lassen.
3 Eier	trennen und die Eigelbe mit der Hälfte von
80 g Zucker	sowie
Zimt	und 3 Esslöffel von
80 g Paniermehl	verrühren und mit den Brötchen vermischen.
50 g gemahlene Mandeln	dazugeben und gut vermengen Jetzt die Kirschen unterheben. Das Eiweiß steif schlagen und ebenfalls unterheben. Alles in eine gebutterte Auflaufform geben. Das restliche Paniermehl und den Zucker darüber streuen. Bei 160 °C etwa 45 Minuten backen (je nach Höhe der Form).

Rettershof Hofgut Innenhof

Karthäuser Klöße mit Apfelweinsoße

Das Lieblingsrezept von Thomas Horn, Bürgermeister der Stadt Kelkheim

Die Karthäuser Klöße

8 Brötchen vom Vortag	mit einer Reibe die Kruste abreiben, halbieren und in einer Schüssel mit
500 ml Milch	übergießen. Die Brötchen wenden, so dass die Milch in die Brötchen einziehen kann.
2 Eier	verquirlen.
20 g Zucker	eine Prise
Salz	dazugeben. Brötchenteile leicht ausdrücken und beiseite stellen. Die übrig gebliebene Milch unter die Eier geben. Die Brötchenteile durch die Eier ziehen und dann in
Bröseln (Paniermehl)	wälzen.
80 g Öl	in einer Pfanne erhitzen und die panierten Brötchenstücke von allen Seiten hellbraun ausbacken.
50 g Zucker	und
10 g Zimt (gemahlen)	vermischen und die gebackenen Klöße darin wenden.

149

Die Apfelweinsoße

	Von
250 ml Milch	2 Esslöffel abnehmen und mit dem Pulver von
1 Pck. Vanillesoße	kalt anrühren. Den Rest Milch mit
250 ml Apfelwein (z.B. Rettershofer)	in einem Topf mit
25 g Zucker	zum Kochen bringen. Dann das angerührte Pulver in die kochende Flüssigkeit einrühren. Bei schwacher Hitze kurz aufkochen, dann erkalten lassen.

Die Apfelweinsoße kann auch heiß zu den Klößen gegessen werden.

Winter am Feldberg

Rote Mühle

Von Fritz Fuchs

Es war an einem der wunderschönen Tage des auslaufenden Monats Februar. Frühlingshafte Temperaturen hatten sich eingestellt, die Sonne schien, der Himmel war blau, ein gutes Gespräch mit dem Hausarzt hatte ich hinter und ein waschstraßenfrisches Auto unter mir, alles Anreize dafür, mit dem Tag etwas Gescheites anzufangen. So beschloss ich, eine Art vorweg-genommenen Osterspaziergang zu absolvieren und fuhr in Richtung »Rote Mühle«. Es mag dahingestellt bleiben, ob es mich freute oder nicht, dass oben an der neuen B8 noch nichts von Parkplätzen, dafür aber genug von Halteverbotsschildern zu sehen war. Ich fuhr jedenfalls hinunter zu den Abstellplätzen vor dem Gasthof und trauerte vielleicht doch ein bisschen den Tagen nach, als die Einkehr »uff de Rod Mihl« nur den abgasfreien Fußgängern und Wanderern vorbehalten war. Vergessen wir's. Vergangenheit, Geschichte.

Ich bin dann durch Wald und über Wiesen hinüber nach Schneidhain und wieder zurück gelaufen. Seit Jahrzehnten war ich den Weg nicht mehr gegangen. Schön sind Ausblicke und Umgebung. Empfehlenswert. Zurückgekehrt zur »Roten Mühle« überlegte ich, ob ich drinnen im Lokal einen Handkäs' mit Musik oder lieber draußen einen Arm voll Sonne mit Vogelgezwitscher genießen sollte, und entschied mich schließlich für die letztgenannte Variante, obwohl die ausgehängte Speisekarte auch recht einladend wirkte. Zwei wunderschöne, rot lackierte Bänke stehen draußen, noch vor dem Eingang zum Garten. Ich flözte mich so richtig auf die vorderste, schnürte die Schuhe auf, streckte die Füße weit von mir, legte den Kopf zurück auf die Lehne meiner Bank, schloss die Augen und ließ Gott einen guten Mann sein.

Vereinzelt kamen Menschen vorüber, es war mittlerweile so gegen 15 Uhr, Wanderer waren es zumeist. Sie besahen sich den Magenfahrplan, gingen hinein ins Lokal oder liefen weiter. Eine himmlische Ruhe herrschte. Zwei Personen hörte ich aus der Gaststätte kommen, Mann und Frau, den Stimmen nach. Noch konnte ich sie nicht sehen, aber den Dialog verstand ich: »Was für eine wunderbare Luft«, hörte ich den Mann sagen und die Frau stimmte zu. »Ja, dieser Geruch, dieser Duft«, meinte sie

Im Feld

bewundernd. Und gerade, als sie um die Ecke bogen und für mich sichtbar wurden, ergänzte der Mann: »Wie im Allgäu.« Scheinbar erschrocken blickte ich auf meine Füße, von denen ich die Schuhe abgestreift hatte und sah den Menschen an: »Sollte der Allgäuer Duft etwa von mir kommen?«, fragte ich lauernd und erntete fröhliches Lachen. »Nein«, sagte er »ich habe den Geruch schon die ganze Zeit in der Nase.«

Wir haben uns noch ein paar Scherzworte zugerufen und ganz vorne von der Wege-biegung her hörte ich noch das Gelächter der beiden. Was für ein schöner Tag. Den-noch bin ich nachdenklich geworden. Ich weiß natürlich, dass ich saubere und wohl-riechende Füße habe, und so schweißtreibend war der Weg nach »Schnaadem« nun auch wieder nicht gewesen, aber der Versuch, der Atemluft eine besondere Duftnote zu verleihen, könnte mich reizen. Ich werde ins Allgäu fahren, um die dortigen Ge-rüche zu testen. Vielleicht setze ich mich dann im Sommer mit transparenten Sanda-len oder Jesuslatschen oder mit blanken Füßen beim Ernst Windecker in den Garten der »Guten Quelle« und versuche, der Neuenhainer Gebirgsluft einen Hauch von Allgäuer Emmentaler oder Allgäuer Bergkäse beizumischen. Möglicherweise hebt's den Umsatz beim Ernst. Er könnte mir eventuell einen Äppelwein ausgeben. Mal sehen.

151

Rote Mühle

Quittenkonfekt

750 g Quitten waschen, mit Schalen und Kerngehäuse zerschneiden. Mit Wasser bedeckt weich kochen und einige Stunden stehen lassen. Die Masse in ein Sieb gießen und den Saft für Quittengelee verwenden. Das Quittenmark abwiegen und die gleiche Menge

Zucker (etwa 500 g, je nach Quittenmenge) bereitstellen. Das Mark unter Rühren dick einkochen. Den bereitgestellten Zucker sowie den Saft

1 Zitrone dazugeben. Weiter kochen bis sich die Masse vom Topfboden löst. In eine mit Zucker ausgestreute Form ausgießen und erkalten lassen. Einige Tage trocknen lassen. Die Quittenpaste in gleichmäßige Würfel schneiden und in Puderzucker wenden.

152

Schloss Bad Homburg mit Weißem Turm

Häuser am Marktplatz von Oberursel

Quittenkompott

500 g Quitten	mit dem Handtuch gut abreiben, schälen, vierteln, entkernen und in einen Topf geben. Je nach Flüssigkeitsgehalt der Früchte etwa
½ l Wasser	angießen und zum Kochen bringen.
150 – 200 g Zucker	hinzufügen und durchziehen lassen.

Eignet sich als Aufstrich zu Pfannkuchen oder als Zugabe zu Bayerischer Creme. Man kann auch das Kerngehäuse und die Schalen separat auskochen und die Flüssigkeit durch ein Sieb den Quitten zuführen.

Kastanien, warm

2 – 3 EL Zucker	
20 g Butter	in einem Topf erhitzen und den Zucker dazugeben. Unter ständigem Rühren mit einem Holzlöffel karamellisieren. Wenn der Zucker hellbraun ist, mit
Apfelwein	ablöschen.
250 g Esskastanien (geschält)	dazugeben und die Flüssigkeit etwas einreduzieren lassen. Danach heiß servieren.

Die Kastanien sind eine schmackhafte Beilage zu Gänsebraten oder gebratener Ente.

Blick zum Marktplatz in Oberursel

Rhabarberkompott

500 g Rhabarber	gründlich waschen, in 2 bis 3 cm lange Stücke schneiden und in einen Topf geben.
100 g Zucker	darüber streuen. Wenn der Rhabarbersaft gezogen hat,
1 Vanillestange	längs aufschneiden und aus der einen Hälfte die Hälfte des Marks herausschaben. In den Topf geben. Mit einer feinen Reibe etwas Schale von
1 Orange	darüber reiben. Schnell zum Kochen bringen und dann langsam ziehen lassen. Der Rhabarber soll nicht zu weich werden, da er sehr schnell zerfällt. Mit Zucker abschmecken und erkalten lassen.

Rhabarberkompott kann als Komponente bei Nachtisch eingesetzt werden.

154

Vanillezucker, selbst gemacht

Vanillestangen, die nicht verbraucht werden oder auch Stangen, deren Mark verarbeitet wurde, sollte man in ein abgeschlossenes Glas mit Zucker geben und dann sechs Wochen stehen lassen. Die Stangen geben ihr Aroma an den Zucker ab und man erhält einen wohlschmeckenden Vanillezucker.

Vanillezucker selbst gemacht

Gelber Sonnenhut

Vermicelle

In der Küche des Schlosshotels in Kronberg wurde zu Ehren eines schweizerischen Diplomaten ein Vermicelle zubereitet. Ein sehr gehaltvoller Nachtisch aus der Schweizer Küche, dessen Hauptbestandteil Esskastanien sind.

250 g geschälte Esskastanien	
125 g Butter (kalt)	beides durch ein feines Drahtsieb streichen.
2 cl Kirschwasser	darunter mischen. Mit einer Spätzle-Presse die Masse direkt auf einen Dessertteller verteilen.
125 ml süße Sahne	aufschlagen und dekorativ mit einem Spritzbeutel dekorieren. Dann mit
Kirschen (mit Stiel)	verzieren.

155

Kloster Kelkheim

Allee im Herbst

Apfel im Schlafrock

Der Teig

400 g Mehl (Type 405)	mit
1 Pck. Backpulver	
1 Pck. Vanillezucker	
150 g Zucker	und
1 Ei	sowie
750 ml Milch	zu einem Teig verarbeiten und auf einer Arbeitsplatte etwa 2 mm dick ausrollen. Aus der Teigplatte 14 Quadrate schneiden.

Nach Belieben Vanillesoße dazu reichen.

Die Äpfel

1,5 kg mittelgroße Äpfel	schälen und mit einem Apfelausstecher das Kerngehäuse entfernen. Die Äpfel in die Mitte der Teigquadrate setzen und mit
400 g Sauerkirsch-Konfitüre	füllen. Dann jeweils die vier Ecken der Teigquadrate über den Äpfeln zusammenschlagen und sie mit
Mandeln	feststecken. Den Backofen auf 200 °C vorheizen. Die Äpfel auf einem mit Backpapier ausgelegten Blech 25 bis 30 Minuten backen. Mit Puderzucker bestreuen und noch warm servieren.

156

Äpfel kurz vor der Ernte

Biskuitteig (hell)

6 Eigelb	in eine Schüssel geben, die Hälfte von
180 g Zucker	und
1 EL Vanillezucker	dazugeben. Eier und Zucker schaumig schlagen.
6 Eiweiß	in einer fettfreien Schüssel zu Eischnee schlagen, den restlichen Zucker mit aufschlagen. Dann
120 g Mehl	und
80 g Speisestärke	darüber sieben und alles vorsichtig unter die Ei-Masse heben. Die Springform nur am Boden fetten und mit etwas Semmelbrösel oder Mehl ausstreuen. Den Teig einfüllen und dann in den vorgeheizten Backofen geben. Bei 180 °C etwa 25 Minuten backen. Währenddessen nicht den Ofen öffnen, da sonst der Teig zusammenfallen kann. Mit einem Holzstäbchen prüfen, ob der Teig fertig gebacken ist (es soll nichts an dem Stäbchen kleben bleiben). Nach dem Backen den Biskuit etwa 10 Minuten in der Form abkühlen lassen, vorsichtig aus der Form nehmen und auf ein Kuchengitter stürzen.Die Zutaten reichen für eine Springform von etwa 26 cm Ø.

157

Biskuitteig (dunkel)

6 Eigelb

180 g Zucker

1 EL Vanillezucker

6 Eiweiß

80 g Mehl

60 g Speisestärke

60 g Kakao oder Schokoladenpulver

> *Verarbeitung wie beim hellen Biskuit mit dem Unterschied, dass der Kakao zusammen mit dem Mehl eingesiebt wird.*

Hirsche im Schnee

Schokoladina

250 g Palmin	in einem Topf zum Schmelzen bringen, nicht heiß werden lassen!
250 g Zucker	dazugeben.
125 g Blockschokolade	raspeln und in den Topf geben.
4 Eier	verquirlen und in den Topf geben.
1 Vanillestange	der Länge nach aufschneiden und das Mark mit einem Messer herausschaben und in den Topf geben. Den kompletten Inhalt erhitzen und unter ständigem Rühren zum Kochen bringen. Dann die Masse abkühlen lassen, bis sie streichfähig ist. Die Masse etwa 1,5 bis 2 mm dick auf
Backoblaten (3 Pck., rechteckig)	streichen, jeweils mit einer Oblate abdecken und die nächste Schicht aufbringen. 4 bis 6 Lagen aufschichten und mit einer Oblate bedecken. Dann mit einem Küchenbrettchen abdecken und etwas beschweren. Kühl stellen und am darauf folgenden Tag in kleine Rauten schneiden.

158

An Weihnachten war das in unserer Familie das beliebteste Gebäck. Mit dem gleichen Rezept lässt sich ein absoluter Renner bei Kindergeburtstagen herstellen.

Kalter Hund

Man nimmt eine mit Backpapier ausgelegte Kastenkuchenform oder eine Silikonform und schichtet zuerst eine Lage Butterkekse, darauf eine Lage Schokoladenmasse und so weiter. Die Form in den Kühlschrank stellen und am nächsten Tag aus der Form stürzen. Danach in mundgerechte Scheiben schneiden. Ein echter Hit für Kids.

Feldholzinsel im Herbst

Brandteig Grundrezept
(zum Beispiel für Windbeutel)

25 ml Wasser	in einem Topf zum Kochen bringen.
2 EL Margarine	und
1 Prise Salz	dazugeben.
125 g Mehl	sieben,
1 TL Backpulver	untermischen und ebenfalls in den Topf geben. Gleich gut rühren. Die Masse formt sich zu einem Kloß. Diesen bei kleiner Hitze im Topf rühren, bis sich eine Haut am Topfboden gebildet hat. Erst dann
4 Eier	eines nach dem anderen gut glatt unter den Teig rühren. Danach kann der Teig zum gewünschten Gebäck weiterverarbeitet werden, zum Beispiel zu Windbeuteln.

Bei Windbeuteln ist darauf zu achten, dass am besten im Backofen nur mit Ober- und Unterhitze gebacken wird. Das Gebläse sollte nach Möglichkeit ausgeschaltet werden.

Kleine Windbeutel sind mit einer Frischkäsefüllung (Seite 160) ein leckeres »Fingerfood«. Ebenso beliebt ist die süße Variante mit Sahne in Kombination mit Früchten.

Getreideernte um 1959

Frischkäsecreme

1 Pck. Tortenguss (klar)	mit
150 ml Wasser	und
75 g Zucker	verkochen, dann erkalten lassen und
600 g Doppelrahm-Frischkäse	unterheben.

> In die Frischkäsemasse lassen sich Erdbeeren, geschälte Mangos oder Himbeeren einmischen. Ebenso ist auch Kakao mit einem Spritzer Kaffeelikör eine geschmackliche Variante.
>
> Kleine Windbeutel (Rezept Seite 159) waagrecht geteilt, lassen sich mit einem Spritzbeutel dekorativ füllen. Dann die obere Hälfte wieder aufsetzen und mit Puderzucker bestreuen.
>
> Die Käsecreme – ohne Zucker zubereitet – mit frischen Kräutern, Petersilie, Schnittlauch, Kerbel und etwas frisch gehacktem Knoblauch abgeschmeckt, ist eine herzhafte Variante für einen kleinen Imbiss. Schmeckt auf Pumpernickel oder mit dunklem Bauernbrot.

Sonnenaufgang

Vom »Faulenzer« u. a. (zweiter Teil)

Von Fritz Fuchs

Bei meinen vielfältigen Besuchen in den Wirtschaften des Main-Taunus-Kreises habe ich festgestellt, dass die Wirte in Anlehnung an den Dank des betenden Menschen im Psalm 23 dem Gast zwar keinen Tisch im Angesicht seines Feindes bereiten, aber ihm das Glas doch so voll einschenken, wie es der liebe Gott auch tut. Im oberhessischen Karben ist es mir und einem guten Freund, mit dem ich mich für dort in einer Gastwirtschaft verabredet hatte, recht schlecht ergangen. Es gab dort eine wunderbare Brotzeit mit Hausmacher Wurst, also mit Blut- und Leberwurst, einem Stück Presskopf und ein paar Zwiebelringen, aber wegen der Trinkerei entstand Ärger. Wir hatten zwei Gläser Äppelwein bestellt und erhielten sie auch. Mit kritischem Blick suchte ich die Eichmarke auf meinem Glas. Und ich fand sie alsbald. Auf beiden Gläsern stand sie fast einen Zentimeter über dem Flüssigkeitsspiegel. Selbst der Kauber Pegel zeigt die Höhe des Rheinwassers unter Zuhilfenahme dieser Maßeinheit an. Das konnte ich nicht durchgehen lassen. Schon wollte die Wirtin abdrehen, da rief ich sie zurück: »Wissen Sie«, sagte ich, »bei uns am Vordertaunus wagt eigentlich niemand mehr, so grottenschlecht einzuschenken, wie das hier mit den beiden Gläsern geschehen ist. Dazu habe ich erheblich beigetragen, denn ich lasse so ein schlampiges Einschenken nicht durchgehen. Das ist eine Unhöflichkeit gegenüber dem Gast.« Natürlich sprach ich nicht so Hochdeutsch und ich brachte den folgenden Satz bestimmt in gutem Hessisch: »Die Wert maane meistens, wenn aaner nur die Kummernbrie trinkt, kimmt's uff en Trobbe net aa. Anners, wenn er Woi trinkt, da muss mer schon besser uffbasse, der iss ja aach teuerer.«

Die nicht mehr ganz junge Wirtin entschuldigte sich und schien damit die Sache als erledigt zu betrachten, aber ich setzte noch einmal nach: »Bringe Se noch zwaa Mundvoll her, un mache Se die Gläser voll.« Alsbald erschien sie mit einem halbvollen 0,25er Glas und komplettierte zunächst das Glas meines Freundes bis knapp über die Eiche. Dann versuchte sie das Werk bei mir zu vollenden, aber es reichte nicht. Zu wenig hatte sie im Glas. Na ja, ich wollte die Geschichte nicht endlos auswalzen. Ich hatte genug Durst angesammelt, um auf einen nochmaligen Nachschlag verzichten zu können. Dennoch: Ich glaube nicht, dass ich dort noch einmal einkehren werde. Trotz der guten Brotzeit.

(Den ersten Teil der Geschichte finden Sie auf Seite 96)

Grundrezept Mürbeteig

250 g Mehl	fein sieben.
125 g Butter (Raumtemperatur)	in kleine Stücke schneiden und in das Mehl geben.
60 g Zucker	zufügen. Eine Prise
Salz	zugeben. Dann
1 Ei	aufschlagen, zugeben und alles gut zu einem Teig verkneten.

Der Mürbeteig sollte immer in gefetteten Formen gebacken werden. Ein Tortenboden ist bei etwa 200 °C nach rund 45 Minuten fertig. Eignet sich auch für kleine Torteletts.

162

Apfelmuffins (ergibt 12 Muffins)

125 g Butter	
2 Eier	und
150 g Zucker	in einer Schüssel gut schaumig rühren. Von
½ Vanillestange	das Mark auskratzen und dazugeben. In einer zweiten Schüssel
1 Prise Salz	
2 TL Backpulver	und
225 g Mehl	miteinander vermischen. Die Mischung dann löffelweise unter die Ei-Zuckermasse heben.
2 – 3 Äpfel	waschen, schälen und in kleine Stücke schneiden. Zwei Drittel der Äpfel unter den Teig heben.
2 – 3 EL Rum oder Milch	nach Geschmack dazugeben. Den Teig in die Formen verteilen und die restlichen Apfelstücke in den Teig eindrücken. Im vorgewärmten Backofen bei 180 °C etwa 25 bis 30 Minuten backen. Danach mit Puderzucker bestreuen und servieren.

Baumanlage auf dem Reis Kelkheim

Joghurt-Törtchen
(ergibt 2 Stück von etwa 8 cm ø)

Von Eva Rembser, Altes Rathaus Café, Hofheim (Taunus)

Aus einem guten Buttermürbeteig (Rezept Seite 162) stellt man Torteletts her. Dazu braucht man flache Förmchen mit Rand. Diese Torteletts werden im Ofen goldgelb gebacken.

Die Joghurtfüllung	
200 g Joghurt	glatt rühren. Dann
200 ml süße Sahne (30% Fett)	und
30 g Zucker	mit dem ausgekratzten Mark von
½ Vanillestange	aufschlagen. Die Sahne unter den Joghurt heben.
2 Blatt Gelatine	einweichen, ausdrücken und auflösen, dann unter die Joghurt-Sahne rühren. Mit einem Spritzbeutel und einer fingerdicken Lochtülle die Masse gleichmäßig auf die Torteletts verteilen und 1 Stunde in den Kühlschrank stellen. Mit Früchten Ihrer Wahl belegen und mit
Marmelade (heiß, Sorte nach Geschmack)	abglänzen.

163

Bei einem Belag aus roten Früchten wählt man am besten eine rote Marmelade (z.B. Johannisbeermarmelade). Bei hellen Früchten zum Beispiel eine helle Marmelade wie Aprikosenmarmelade.

Wolkenhimmel

Rahmkuchen

250 g Mehl	in eine Schüssel sieben und in der Mitte eine Vertiefung machen.
20 g Hefe	zerbröseln, in die Vertiefung geben und mit 3 Esslöffel von
125 ml Milch (warm)	begießen. Mit etwas
Zucker	bestreuen und gehen lassen. Dann mit etwas Mehl bestäuben und an einem warmen Ort wieder gehen lassen. Wenn die Oberfläche Risse bekommen hat, etwas
Salz	und
125 g Butter	dazugeben. Die restliche warme Milch hinzufügen.
1 Ei	verquirlen, ebenfalls dazugeben. Dann alles kräftig durchkneten, bis der Teig sich von der Schüssel löst. Den Teig ausrollen und auf ein gefettetes Blech legen. Mit der Gabel einstechen.
150 g Quark	mit
150 g Crème fraîche	
100 ml süße Sahne	und
150 g Zucker	verrühren. Nach Geschmack
Zimt (gemahlen)	unterrühren. Die Masse auf den Teig streichen. Im vorgeheizten Backofen bei 175 °C etwa 30 Minuten backen.

164

Sonntagsausflug im Sommer etwa um 1950

Blick vom Staufen auf Frankfurt

Topfkuchen

500 g Mehl	in eine Schüssel geben. In der Mitte eine Vertiefung machen.
40 g Hefe	mit etwa 50 ml von
250 ml Milch (warm)	verrühren und in die Vertiefung geben. Alles zum Aufgehen 5 bis 10 Minuten in den etwa 35 °C warmen Backofen stellen. Von
250 g Butter	etwas abnehmen um die Topfkuchenform zu fetten, die übrige Butter schaumig schlagen und nach und nach
4 Eier	einrühren.
100 g Zucker	und etwas
Salz	hinzufügen, unter den gegangenen Vorteig mischen und alles unter Zugabe der restlichen Milch kneten, bis der Teig nicht mehr an den Händen klebt.
80 g Mandelblättchen	in die Kuchenform einstreuen und den Teig einfüllen. Nochmals den Kuchen kurz gehen lassen. Dann im vorgeheizten Backofen bei 200 °C etwa 60 Minuten backen. Aus der Form stürzen und mit
Puderzucker	bestreuen.

165

> *Die Mandelblättchen kann man, bevor man sie in die Kuchenform streut, im Backofen bei etwa 220 °C kurz anrösten, bis sie hellbraun sind.*

Wappen an der Schlosszufahrt Bad Homburg

Taunus-Apfeltorte

Sie benötigen 1 Mürbeteigboden sowie je zwei dünne Scheiben hellen und dunklen Biskuit. Rezepte für die Zubereitung der Böden finden Sie ab Seite 157 (Biskuit) und 162 (Mürbeteig).

Das Apfelmus

1 Apfel	waschen, entkernen, würfeln und mit etwas
Apfelsaft	
1 Schuss Wein	und etwas
Zucker	blanchieren.
250 g Apfelkompott (stückig)	untermischen.
5 Blatt Gelatine	einweichen, auflösen und unter die Apfelmasse mischen.

Die Apfelcreme

550 ml Apfelsaft	drei Viertel davon mit
50 ml Calvados	und
75 g Zucker	aufkochen.
35 g Cremepulver (Stärkemehl)	
3 Eigelb	in den restlichen
Apfelsaft	einrühren, dann zum aufgekochten Saft geben und damit abbinden. Vom Herd nehmen.
5 Blatt Gelatine	einweichen, ausdrücken und unter die Masse rühren.

Canache lässt sich nach Belieben mit Alkohol (Grand Marnier) und Gewürzen aromatisieren.

Viktoria Kaiserin Friedrich III. Bad Homburg

Die Apfelsahne

25 ml Wein, 15 ml Apfelsaft	
50 g Apfelkompott (stückig)	
20 ml Calvados	
50 g Zucker	zusammen handwarm erwärmen.
250 ml süße Sahne	steif schlagen.
3,5 Blatt Gelatine	einweichen, ausdrücken, auflösen. Die Hälfte der Sahne mit der aufgelösten Gelatine unter die Apfelmasse rühren. Die restliche geschlagene Sahne unterheben und die Apfelsahne in einen Tortenring (26 cm Ø) füllen. Kalt stellen!

Die Canache

100 ml süße Sahne	erhitzen. Etwa ein Drittel davon mit
100 g Kuverture	in einen Topf geben und in der Mitte mit einem Schneebesen verrühren, bis sich eine gleichmäßige Creme ergibt. Dann die restliche Sahne zugeben und ebenfalls glatt verrühren.

167

Das Zusammensetzen

1 Mürbeteigboden	dünn mit noch warmer
Canache	bestreichen und einen von
2 Scheiben Biskuit (dünn, dunkel)	auflegen. Einen Tortenring (26 cm Ø) um den Boden stellen. In den Tortenring die Hälfte der Apfelcreme einfüllen. Einen von
2 Scheiben Biskuit (dünn, hell)	auflegen. Das komplette Apfelmus einfüllen und den anderen dunklen Biskuit auflegen. Die restliche Apfelcreme einfüllen und erneut einen hellen Biskuitboden auflegen. Alles auskühlen lassen.

Die Garnierung

Die Torte mit der Apfelsahne einstreichen und in 16 Stücke einteilen. Auf jedes Stück einen Kreis mit Sahne aufspritzen und mit Apfelmus ausfüllen. In die Mitte der Torte dunkle Schokoladenraspel streuen.

Altes Rathaus Café in Hofheim

Ein guter Stern

Der 6. Januar ist in der katholischen Glaubenswelt das Fest der »Heiligen Drei Könige«. Zum Gedenken an sie hat nach dem Kriege in Hornau Pater Frumenz den Brauch des »Sternsingens« eingeführt. Auch in meiner Schulzeit gingen die Sternsinger von Haus zu Haus und sammelten Geld für das päpstliche Missionswerk in Aachen.

Wenn ich den Namen des Missionswerks heute höre, muss ich zuerst immer noch an das kleine »Negerlein« denken, das überall in den katholischen Kirchen in der Weihnachtszeit vor den Weihnachtskrippen als Spendensammler aufgestellt war. Der Erlös der Sammlung kam der Mission in Afrika zugute. Wenn man in die Spardose etwas einwarf, nickte das Negerkind als »Dankeschön« mit dem Kopf. Wir Kinder konnten uns daran gar nicht satt sehen und das Negerlein nickte beim Einwurf einer kleinen Münze genauso freundlich wie bei dem einer großen. Bei Geldscheinen nickte es genauso dankbar wie bei einer Münze, aber das kam so gut wie überhaupt nicht vor ... »Ach wie goldig«, sagten die Mütter und Großmütter immer wieder.

Sternenlampe

Aber der größte Teil der Spenden für das päpstliche Missionswerk wurde von uns Sternsingern gemeinsam mit unserem Pfarrer Pater Erwin bei den Haussegnungen eingesammelt. Hier waren es meist eine bis zwei Mark, mehr konnte man sich damals nicht leisten, zumal in dieser Zeit auch noch für den geplanten neuen Kindergarten gesammelt wurde und für die neuen Glocken. Ohne den Gemeinsinn der Menschen und mit dem Ruf nach dem Staat wären diese Projekte nie so schnell realisiert worden. Die Sternsinger sangen ihre Texte und der Pfarrer segnete das Haus und schrieb mit Kreide die Symbole »C+M+B« und die jeweilige Jahreszahl an die Tür. Das heißt aber nicht, wie meistens angenommen wird, »Caspar, Melchior und Balthasar«, sondern aus dem Lateinischen übersetzt: »Christus segne dieses Haus«. Aber zu der Zeit, als ich Sternsinger war, habe ich das noch nicht gewusst. Den Brauch des Sternsingens gibt es bis heute in allen katholischen Gegenden immer noch und überall dort könnte man das Gleiche berichten.

Auch ich bin zweimal mit den Sternsingern mitgezogen, denn diese rekrutierten sich ausschließlich aus den Messdienern. Nein, einer der drei Könige war ich leider nie, vielleicht waren meine Umgangsformen nicht hoheitsvoll genug oder meine Herkunft nicht blaublütig, aber ich war froh, wenigstens diese zweimal dabei gewesen zu sein. Diese beiden Male durfte ich den Sack mit den Plätzchen mit Stolz und Würde tragen. Das war auch eine verantwortungsvolle Tätigkeit, denn der Sack durfte nicht auf den Boden aufgestoßen werden, sonst gab es zu viele Krümel für die Bröselkiste. Ich war mir meiner tragenden Verantwortung immer sehr bewusst. Und ich war auch nicht traurig, keiner der Könige gewesen zu sein, denn einer war der Dunkelhäutige und der wurde mittels Schuhwichse auf Mohrenkönig getrimmt. Ja das war eine wenig schöne Rolle, zwar einerseits als König in Erscheinung zu treten, andererseits als wandelnder »Erdal-Mohrenkopf« seine Aufwartung bei der Kundschaft zu machen.

Ich war gerne der Sackträger bei den Sternsingern. Es gab immer so herrlich unvergessliche Momente, an die ich mich heute noch gern erinnere. So statteten wir einem Haus in der Langstraße einen Besuch ab. Voran trug ein Messdiener den Stern, und wir sangen unsere Lieder und sagten unser Verslein auf. Die Anwohner baten uns in ihr Haus einzutreten. Der Träger des Sterns öffnete die Haustür und es gab einen riesigen Knall. Was war geschehen? Die Haustür bestand aus zwei separaten Teilen,

Kindergartenkinder beim Baumschmücken

die gemeinsam geöffnet werden mussten. Das wusste der Sternsinger natürlich nicht und öffnete nur den unteren Teil der Tür, während der obere Teil geschlossen bleib. Das gab ein Knallauge für den Sternträger! – Aber die Schulbuben der Jahrgänge 1944 bis 1948 waren harte Burschen und keine Weichkekse.

Aber die Geschichte ging weiter. Wir wurden von den Leuten ins Wohnzimmer gebeten und es folgte ein Musterungsappell: »Dich kenne ich nicht, Du bist ordentlich, aber Du nicht und Du kriegst auch nichts.« Alle, die nicht durch diese Raster fielen, wurden dann reich beschenkt. Dazu mussten die Hausbewohner erst ihre Wohnküche ausräumen, Küchentisch und Stühle wurden weggeräumt, das »Stragula« zurückgeschlagen und eine Treppe in den Keller wurde sichtbar. Ja, und dann folgte die Bescherung in Form eines Apfels für die braven Sternsinger – aber nur für diese. Bei anderen Leuten bekamen wir Sternsinger die übrig gebliebenen Weihnachtsplätzchen mit dem Hinweis, dass diese jetzt hart seien und niemand aus der Familie sie noch mit seinen eigenen oder nachträglich angeschafften Kauwerkzeugen zermahlen könnte, aber wir Sternsinger hätten ja noch gute Zähne.

Die Spenden kamen dann in meinen Sack. Es ist unglaublich, aber es kam eine ganze Waschbütte voller Brösel zusammen. Sie landeten beim Bäcker, der die beliebten »Granatsplitter« mit Schokoladenguss und einem Schuss Arrak daraus machte. Aber auch Margarine und andere Lebensmittel erhielten wir als Spende. Die Hornauer waren immer großzügig und die, die nicht viel gegeben haben, konnten es halt nicht.

Doch gefreut haben wir Sternsinger uns auch über die Plätzchen oder das halbe Pfund Margarine für die Mutter. Die Zeiten waren damals schwierig, aber, wie der Dichter Carl Zuckmayer sagt: »Erinnerungen sind ein goldener Rahmen, der jedes Bild freundlicher macht.«

Text aus dem Buch »Der Bunte Punkt«
Mit freundlicher Genehmigung von Reinhold Reuss

Im Park

Quetschekuche

500 g Mehl	in eine Schüssel sieben, eine Vertiefung machen und
30 g Hefe	hineinbröckeln. Die Hefe mit etwa 3 Esslöffel von
250 ml Milch (warm)	übergießen. Mit ein wenig von
50 g Zucker	bestreuen und gehen lassen. Dann mit etwas Mehl bestäuben und erneut gehen lassen. Wenn der Teig an der Oberfläche rissig wird,
125 g Butter	etwas
Salz	und
2 Eier	sowie die restliche Milch und den restlichen Zucker dazugeben. Alles mit dem Mehl verkneten, bis sich der Teig von der Schüssel löst. Dann nochmals gehen lassen. Das Backblech fetten und den Teig darauf ausrollen. Mit einer Gabel einstechen.
2 kg Zwetschgen	waschen, trocknen, aufschneiden und entsteinen. Auf faule Stellen kontrollieren und aussortieren. Die guten Früchte einschneiden und in den Teig drücken. Mit etwas Zucker bestreuen und dann 15 Minuten gehen lassen. Im vorgeheizten Backofen bei 220 °C etwa 40 Minuten backen. Zum Schluss mit
Zucker	nach Bedarf bestreuen.

Oldie Landmaschinentreffen in Diedenbergen

171

Versunkener Apfelkuchen

4 Eier	Eiweiß vom Eigelb trennen. Dann die Eigelbe mit
300 g Zucker	aufschlagen.
250 g Mehl	durch ein Sieb dazugeben und
100 g Butter (weich)	hinzufügen. Alles durchkneten. Jetzt das Eiweiß steif schlagen und unter den Teig heben. Eine runde Backform fetten, den Teig einfüllen.
750 g Äpfel	waschen, schälen, das Kerngehäuse entfernen und in Spalten schneiden. Die Apfelspalten auf den Teig legen. Dann die Form in den vorgeheizten Backofen geben und bei 180 °C etwa 40 Minuten backen.
½ TL Zimt (gemahlen)	und
2 TL Puderzucker	vermischen und über den Kuchen streuen.

Die Äpfel versinken im gebackenen Kuchen, daher der Name.

172

Schlosszufahrt

Kutsche

Weihnachtsstollen

1,5 kg Mehl	
750 g Mandeln	mit
250 g Zitronat	
500 g Orangeat	und
750 g Sultaninen	
750 g Korinthen	
750 g Zucker	sowie
750 g Butter	
3 Eier	und die abgeriebene Schale von
1 Zitrone	zu einem Teig verarbeiten.
1 Vanillestange	halbieren. Das Vanillemark mit einer Messerspitze heraus-schaben. Dann mit in den Teig verarbeiten.
5 – 10 Walnüsse	einkneten. Wenn der Teig geschmeidig ist, in die Stollenform bringen und anschließend bei 170 °C rund 90 Minuten backen. Danach den Stollen auskühlen lassen und mit
Butter (zerlassen)	abstreichen. Diesen Vorgang kann man öfter wiederholen. Der Stollen sollte in Folie gehüllt etwa zwei Monate lagern. Zum Verzehr dick mit
Puderzucker	abstreuen und servieren.

173

> *Beim Zitronenabrieb nur das Gelbe der Zitronenschale verwenden. Der weiße Teil der Schale macht bitter.*

Schild am Gasthaus im Winter

Maibowle

1 l Apfelwein	in ein verschließbares Gefäß geben.
½ Bund Maikraut (getrocknet)	rund 12 Stunden lang in den Apfelwein einlegen.
Läuterzucker	nach Geschmack zugeben. Gut kühlen. Zum Servieren jeweils ein Glas zu zwei Drittel mit Maibowle füllen und dann ein Drittel
Apfelsekt	aufgießen.

Läuterzucker

Läuterzucker wird hergestellt, indem man 1 kg Zucker auf 1 l Wasser zum Kochen bringt. Früher setzten sich dabei die Verunreinigungen im Zucker als Schaum oben ab, der dann abgeschöpft wurde. Bei heute produzierten Zuckern ist das kaum noch der Fall.

Man kann auch stärkere Konzentrationen herstellen. Die Maßeinheit für den Zuckergehalt ist in Grad Baumé, °Bé , nach dem französischen Chemiker Antione Baumé. Bei einem Verhältnis 1 l Wasser zu 1 kg Zucker sind es 14°Bé bei einem Verhältnis von 2 kg Zucker auf ein l Wasser sind es 28°Bé.

Gut verkorkt – Apfelschaumwein

Wald auf dem Staufen

Erdbeerbowle

500 g Erdbeeren	waschen, putzen und in kleine Stücke schneiden. Die Früchte in
250 ml Weißwein (Grauburgunder)	einlegen und ein paar Stunden gekühlt durchziehen lassen. Zum Servieren je 3 Esslöffel der Früchte und einen Schuss des (Weißwein)Saftes in ein Bowleglas geben und mit
Sekt	– ebenfalls gut gekühlt – aufgießen. Eine köstliche Erfrischung an heißen Tagen.

Frankfurt Sour

5 cl Amaretto	
2 cl Zitronensaft	
2 cl Apfelsaft	im Mixbecher gut schütteln. Auf
Eis	im Tumbler servieren.

175

Sektkeller Rüttelregale

Marktplatz von Oberursel

Heißer Äppelwoi oder auch ein »Heiße«

1 l Apfelwein	in einen Topf geben, erhitzen
1 Stange Zimt	
1 – 2 Gewürznelken	dazugeben. Mit
4 – 5 EL Zucker	nach Bedarf süßen aber nicht kochen lassen.
Zitronenscheiben	in die Gläser verteilen, einen Löffel in das Glas geben und heißen Apfelwein einfüllen.

Der Löffel im Glas verhindert das Platzen des Glases beim Einfüllen des heißen Apfelweines.

Apfelprodukte

Der neue Pfarrer

Vor einigen Jahren stellte sich der neue Pfarrer der Gemeinde vor. Der Antrittsbesuch beim Kirchenchor sollte bei der nächsten Chorprobe stattfinden. Da der Winter seine Vorboten schickte und es für die Jahreszeit merklich kalt war, bestellte man ihm im Gasthaus einen »Heiße«. Nach kurzer Zeit brachte die Serviererin den duftenden, heißen Apfelwein.

Er roch lecker, aber der Pfarrer probierte und verzog sein Gesicht. »Muss der so schmecken?«, fragte er. »Ei natürlich, Herr Pfarrer«, antwortete die Dame vom Service. Der Pfarrer wollte einen neuen. Selbstverständlich wurde der für ihn zubereitet. Doch auch der schmeckte wie sein Vorgänger. Etwas erstaunt darüber verlangte er nach etwas Zucker um nachzusüßen. In einer Pause sprach er eine Dame des Chores an, ob der Geschmack des Getränkes in Ordnung sei. Sie probierte und verzog entsetzt ihr Gesicht. »Der is ja versalze!«, rief sie.

Wie sich nach einigen Recherchen herausstellte, wurde das Zuckergefäß beim Nachfüllen in der Küche fälschlich mit Salz befüllt. Nachdem der Fehler gefunden wurde, schmeckte der folgende Heiße so, wie es sein sollte. Zukünftig wurde Zucker und Salz in unterschiedliche Gefäße gefüllt.

Ein Jubiläumsbembel

Ein alter Speierlingbaum

In einem alten Speierling
am Wegessaum mein Blick sich fing.
Wie alt mag dieser Baum wohl sein?
Wer hat ihn gepflanzt am Waldesrain?
Was hat er gesehen, was erlebt?
Sein Blätterdach im Winde bebt.

Seine grünen, unscheinbaren Früchte,
erkennbar in der Blätterdichte,
sind wichtig für den Apfelwein,
das ist ein Muss, das soll so sein.
Sie sind für den Geschmack so wichtig,
mit Speierling, da wird er richtig.

Von Reinhold Reuss (Text und Foto)

Speierlingbaum

Brunnen in Eschborn

Red Apple

2 cl Grenadine-Sirup

2 cl Zitronensaft

10 cl Apfelsaft (naturtrüb) alle Zutaten in einen Shaker füllen.

Eiswürfel dazugeben, alles gut durchschütteln und in ein Longdrinkglas absieben.

Ein erfrischender, alkoholfreier Cocktail.

179

*Letzte Sonnenstrahlen
vor der Ernte*

Alter Ortskern von Eschborn

Apfelwein nach Washington

Ende der 1960er Jahre wohnte ein US-Captain nur wenige hundert Meter neben unserem Gasthaus. Er war vom Apfelwein begeistert und fotografierte mit seiner Nikon den kompletten Ablauf der Apfelweinproduktion vom Baum bis in den Bembel.

Nach ein paar Jahren Dienst in Frankfurt wurde er nach Verona in Italien versetzt und er hatte die Idee, in Italien Apfelwein herzustellen. Nach mehreren telefonischen Rückfragen war dann klar: es funktionierte nicht.

Viele Jahre später stand ein Brigadegeneral in amerikanischer Felduniform in Begleitung anderer Soldaten an unserem Tresen. Es war zu unserer Freude dieser nach Verona versetzte Captain. Er war zu diesem Zeitpunkt in Washington D.C. stationiert und zu einem NATO-Manöver nach Old Germany gereist.

Nachdem die Herren gespeist hatten, bat er meinen Vater, ihm 20 Kisten Apfelwein zu verkaufen. Er wollte sie nach Washington mitnehmen. Jeder, der schon einmal in die Vereinigten Staaten eingereist ist, kennt die sehr scharfen Vorschriften, Lebensmittel einzuführen. Wir hielten das für unmöglich. Mit dem ihm eigenen Lächeln meinte er, das sei doch NATO-Gepäck.

Vorsichtshalber lasse ich seinen Namen hier unerwähnt.

1200-Liter-Apfelweinfässer

Apfelwein-Spritz

2 cl Aperol	in ein Bordeauxglas geben und mit
Apfelwein	und
Wasser	nach Geschmack auffüllen. Den Saft von
¼ Zitrone	darüber träufeln.
Eiswürfel	dazugeben.

Schlosshotel Rettershof

Ein guter Schoppen

Begriffserläuterungen

Abbacken/Ausbacken	Etwas in heißem Fett schwimmend backen.
Ablöschen	Das Angießen von scharf angebratenem oder geschmortem Fleisch oder Gemüse.
Abschmecken	Eine Speise mit den Grundgewürzen Salz, Pfeffer, Zucker usw. nach eigenem Geschmack würzen.
Andünsten/Anschwitzen	Ein Lebensmittel in heißem Fett leicht rösten, ohne es zu braten. Das Lebensmittel soll nur glasig werden, z. B. Zwiebeln.
Ausbraten/Auslassen	Den Speck so lange braten, bis das Fett herausgebraten ist.
Blanchieren	Zutaten in einen Topf mit kochendem Wasser geben und kurz köcheln lassen.
Garen/Köcheln	Eine Speise sollte nicht stark kochen. Die Hitzezufuhr muss so gedrosselt werden, dass nur ein leichtes Aufsteigen von Kochblasen zu sehen ist.
Gratinieren	Das Überbacken von Speisen.
Legieren	Ist das Binden und Verfeinern von Gerichten mit Eigelb. Das Ei oder Eigelb wird mit warmer Flüssigkeit vermischt und unter ständigem Rühren in die nicht mehr kochende Speise gegeben.
Karkasse	Aus dem Französischen: Carcasse für Gerippe. Karkasse nennt man das nach dem Tranchieren meist kleinerer Tiere zurückbleibende Knochengerüst samt eventuell anhaftender Fleischreste.
Marinieren	Ist das Einlegen von Lebensmitteln in eine gewürzte Flüssigkeit, um der Speise einen besonderen Geschmack und bessere Haltbarkeit zu verleihen.
Mehlschwitze	Traditionelles Bindemittel von Suppen und Soßen (Fett zerlassen und Mehl einrühren).
Parieren	Fleisch von Fett und Sehnen befreien.
Passieren	Flüssigkeiten durch ein Sieb oder Tuch geben.
Pürieren	Ein gares Lebensmittel wird stark zerkleinert. Früher war hierfür in vielen Haushalten die »Flotte Lotte« ein beliebtes Haushaltsgerät, z. B. um Apfelmus herzustellen.
Reduzieren	Flüssigkeit fast vollständig verkochen lassen (einkochen).
Stocken lassen	Das Garen von Eiern oder Eimasse, bei mäßiger Hitze im Topf oder Wasserbad, ohne dabei das Gargut umzurühren.
Wasserbad	Ist eine Methode, um Speisen indirekt mit Hitze zu versorgen. Dabei wird der Topf mit den Speisen in einen anderen Topf mit heißem Wasser auf den Herd gestellt.
Zerlassen	Butter oder Margarine in einer Pfanne oder einem Topf bei mäßiger Hitze schmelzen, aber nicht braun werden lassen.

Maße und Gewichte

1 gestr. EL Fett	15 g		1 Liter	1000 ml / 1000 ccm
1 gestr. EL Mehl	10 g		¾ Liter	750 ml / 750 ccm
1 geh. EL Mehl	15 g		½ Liter	500 ml / 500 ccm
			⅜ Liter	375 ml / 375 ccm
1 kleine Zwiebel	30 g		¼ Liter	250 ml / 250 ccm
1 mittlere Zwiebel	50 g		⅛ Liter	125 ml / 125 ccm
1 große Zwiebel	70 g			
			1 TL	5 ml
1 kleine Kartoffel	70 g		1 EL	15 ml
1 mittlere Kartoffel	120 g		1 Schnapsglas	20 ml / 2 cl
1 große Kartoffel	180 g		1 Tasse	150 ml
½ kg	500 g			
1 kg	1000 g			

Abkürzungen

Msp.	Messerspitze
EL	Esslöffel
geh. EL	gehäufter Esslöffel
gestr. EL	gestrichener Esslöffel
TL	Teelöffel
geh. TL	gehäufter Teelöffel
gestr. TL	gestrichener Teelöffel
g	Gramm
kg	Kilogramm
ml	Milliliter
cl	Zentiliter
l	Liter
ccm	Kubikzentimeter
Pck.	Päckchen
°C	Grad Celsius
TK	Tiefkühlkost

Rezeptregister, alphabetisch

Der Rettershof – Kelkheims Juwel

Umgeben von Wald, Wiesen und Feldern liegt der Rettershof nahe Kelkheim-Fischbach in der Talaue des Retterser Baches.

Das kulturhistorisch bedeutende Ensemble ist im Besitz der Stadt Kelkheim (Taunus) und lockt mit dem Schloss im Tudor-Stil sowie dem Hofgut jährlich tausende von Besucherinnen und Besuchern an. Die neue Reithalle mit modernsten Anlagen und die gepflegte Gastro-

nomie vervollständigen das reizvolle Angebot. Mit seinem einzigartigen Ambiente bietet der Rettershof den idealen Rahmen für den jährlich stattfindenden Kultursommer, der sich großer Beliebtheit erfreut.

Die die Region prägenden Streuobstwiesen liefern mit ihren verschiedenen Apfelsorten den Apfelsaft, der in dem wiederhergestellten alten Kelterhaus gewonnen wird. Daraus wird der Apfelwein vergoren, der dann die Grundlage für die »Rettershofer Apfelperle«, ein in Handarbeit hergestellter Apfelschaumwein, bildet. Nach ihrer Instandsetzung wurde 2003 die aus den 1940er Jahren stammende Verschlussbrennerei wieder in Betrieb genommen. Hier entstehen DLG-prämierte Obstbrände von feinster Qualität, die weit über die Grenzen Kelkheims hinaus geschätzt werden.

Ein Besuch des Rettershofes lohnt sich zu jeder Jahreszeit.

Stadt Kelkheim (Taunus) · Gagernring 6 · 65779 Kelkheim (Taunus)
Telefon (0 61 95) 80 30 · presse@kelkheim.de · www.kelkheim.de

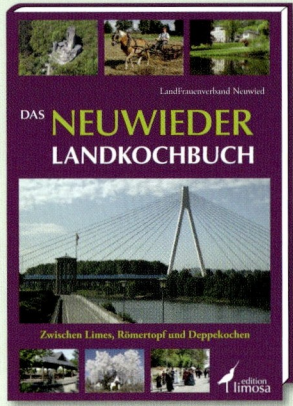

LandFrauenverband Neuwied
192 Seiten, gebunden
17,5 x 24,5 cm | ISBN: 450-4
19,90 €

Die Landfrauen im Kreis Neuwied haben in liebevoller Kleinarbeit Rezepte, Geschichten, Gedichte und Bilder in Neuwied, Asbach, Bad Hönningen, Dierdorf, Linz am Rhein, Puderbach, Rngsdorf, Unkel und Waldbreitbach gesammelt. Sie

haben nachgefragt und zugehört, aufgeschrieben und fotografiert.

Das Ergebnis ist ein für diese Region einmaliges Koch- und Heimatbuch, das die Vorzüge und Liebenswürdigkeiten dieser Landschaft und ihrer Bewohner zusammenführt. Im Mittelpunkt steht natürlich die Küche. Traditionelle Hausmannskost, moderne Variationen und Tipps rund um die Zubereitung, machen das Neuwieder Landkochbuch zu einem Grundkochbuch, das in jeden Haushalt passt.

Zwischen Rothaargebirge und Westerwald versteht man zu leben. Die Städte sind einladend, die Dörfer liebenswert, die Menschen freundlich. Die Küche an Aar und Dill, ist so bunt wie die Wälder im Herbst und bedient sich aus der reichen Auswahl örtlicher Produkte. Vor allem die traditionellen kulinarischen Genüsse sind natürlich sehr stark geprägt von dem, was der Boden hergab.
Es gehört zur Seele der Region, dem Neuen gegenüber aufgeschlossen zu sein. Auch das schlägt sich in

Günter Decker, Anja Post, Katharina Weber
192 Seiten, gebunden
17,5 x 24,5 cm | ISBN: 445-0
19,90 €

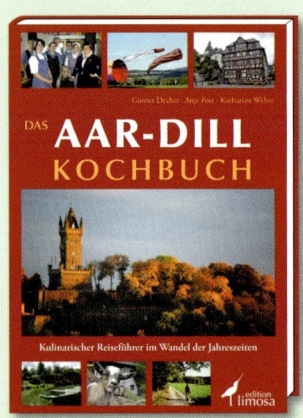

der Küche nieder. Was damals neu war, wird heute als traditionell empfunden: Immerhin hatten schon die von den Oranierfürsten ins Land geholten Hugenotten französische Einflüsse in die heimische Rezeptwelt gebracht.

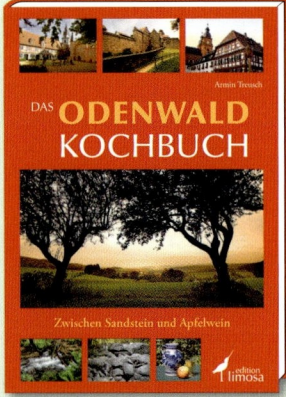

Armin Treusch
200 Seiten, gebunden
17,5 x 24,5 cm | ISBN: 408-5
19,90 €

Das romantische Waldgebirge zwischen Rhein, Main und Neckar steht für eine abwechslungsreiche Landschaft, gesunde, bäuerliche Produkte und eine schmackhafte und ehrliche Küche. Bewohner und Gäste wissen das zu schätzen. Bewahrt und gefördert wird die typische Odenwälder Küche nicht nur im Kleinen: Küchen-

profis zeigen Flagge und bitten als »Odenwald-Gasthaus« Feinschmecker und Urlauber zu Tisch.
Armin Treusch hat in diesem Buch mehr als 150 Rezepte zusammengestellt. Seine Auswahl stellt einen Querschnitt der Odenwälder Küche dar und macht Appetit: bodenständig, abwechslungsreich und leicht nachzukochen sind die Gerichte. Das Odenwald Kochbuch garniert sie mit Bildern von Land und Leuten und stellt den Odenwald mit Ausflügen in die Vergangenheit unterhaltsam und schmackhaft vor.

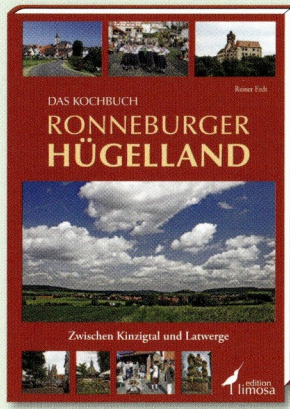

Reiner Erdt
208 Seiten, gebunden
17,5 x 24,5 cm | ISBN: 429-0
19,90 €

Zahllose Gäste schätzen die Landschaft und Kultur des Ronneburger Hügellandes. Eingebettet zwischen Kinzigtal und Wetterau schüttet Mutter Natur ein Füllhorn aus. Dabei gedeihen dort nicht nur die Zutaten für das Lieblingsgetränk der Hessen: den Äppelwoi. Es wird aus dem Vollen geschöpft.

»Das Kochbuch Ronneburger Hügelland« ist eine Liebeserklärung von Reiner Erdt an seine Heimat. Schon im elterlichen »Gasthaus Zur Krone« in Ronneburg-Hüttengesäß legt er Wert auf regionale Originalität. »Das Kochbuch Ronneburger Hügelland« schließt daran an. Es erweist sich bei genauerer Betrachtung als ein kulinarischer Reiseführer durch einen Landstrich, der sich immer wieder aufs Neue entdecken lässt.

Das Rheinhessen Kochbuch zeigt rheinhessisches Frauenleben in vielfältiger Weise. Geschichten rund um das Leben auf dem Land, Anekdoten, Historisches, Lustiges oder Nachdenkliches, Erzählenswertes über besondere Ereignisse und besondere Frauen finden Sie darin. Vielleicht werden Sie mit einem nostalgischen »Weißt du noch...?« Altbekanntes oder lange Vergessenes entdecken, vielleicht begegnen Sie

Land Frauen Rheinhessen
208 Seiten, gebunden
17,5 x 24,5 cm | ISBN: 443-6
19,90 €

aber auch Neuem, Unverhofftem und Spannendem. In der Verbindung von Küche und Kultur wird dieses Buch eine gehaltvolle Einladung, sich diesem wunderbaren Landstrich mit offenem Herzen und voller Genuss zu nähern.

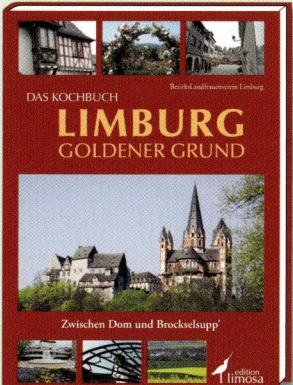

BezirksLandfrauenverein Limburg
176 Seiten, gebunden
17,5 x 24,5 cm | ISBN: 415-3
19,90 €

Landfrauenvereine stehen nicht nur für ein geselliges Miteinander: Die Landfrauen sind auch Bewahrer um das Wissen guter Küche, örtlicher Geschichte und ländlicher Kultur. Weil sich im Limburger Becken und Goldenen Grund alles so wunderbar reichhaltig verbindet, haben die

Bezirkslandfrauen mit ihren sechs Ortsvereinen ein Kochbuch der besonderen Art gemacht: Ihr Kochbuch enthält mehr als 130 traditionelle, überlieferte aber auch moderne Rezepte aus der Landfrauenküche dieser Region. Gepaart mit wunderschönen Landschaftsaufnahmen und Impressionen einer reichen Kultur, hintergründigen Geschichten vom Leben auf dem Lande, ist es mehr als nur eine Rezeptsammlung örtlicher Spezialitäten: Es ist eine Liebeserklärung an die Heimat.

Weitere schöne Seiten finden Sie unter www.limosa.de